Bernhard Grom – Walter Kirchschläger – Kurt Koch

Das ungeliebte Sakrament

Herausgegeben von Joachim Müller

Bernhard Grom
Walter Kirchschläger
Kurt Koch

Das ungeliebte Sakrament

Grundriß einer neuen Bußpraxis

Herausgegeben von Joachim Müller

Paulusverlag Freiburg Schweiz

Die Deutsche Bibliothek – CIP-Einheitsaufnahme

Das ungeliebte Sakrament : Grundriß einer neuen Bußpraxis /
Bernhard Grom ; Walter Kirchschläger ; Kurt Koch. Hrsg. von
Joachim Müller. – Freiburg, Schweiz : Paulusverl., 1995
    ISBN 3-7228-0367-5
NE: Grom, Bernhard; Kirchschläger, Walter; Koch, Kurt; Müller,
    Joachim [Hrsg.]

Inhalt

JOACHIM MÜLLER

Vorwort

Sakrament der Buße – Sakrament der Heilung

Sakramente sind Zeichen der Nähe und der Zärtlichkeit des den Menschen liebenden Gottes. Wenn hier über das Sakrament der Buße gesprochen werden soll, so ist das der Versuch, bei einem Sakrament, dessen «Nachfrage» nur noch gering ist und das sich zunehmend zum Sakrament von Kindern entwickelt hat, einige wichtige Aspekte der katechetischen Vermittlung und der Seelsorge aufzuzeigen, die helfen sollen, dieses Sakrament als Zeichen des Heiles, der Hoffnung und der Liebe aufleuchten und erfahren zu lassen.

Jesus Christus – der in diesem Sakrament verkündigt wird – soll zum Ereignis werden, denn Sakramente wollen ausdrücken: Christus ist mit euch; in ihm ist Einheit mit Gott; ihr seid eingeladen, Begegnung mit Gott zu erfahren. In ihm geschieht die Annahme des Menschen durch Gott. Es wird die «Gotteskindschaft» des Menschen, in dessen Leben Heil geschieht, sichtbar.

So wie alle Sakramente in Christus gegründet sind, so wird in seinem Leben, in seinem Sterben und seiner Auferstehung sichtbar, daß er der ist, in dem die Menschen die Sorge Gottes für sie erkennen und erfahren. Daher verkündet und vermittelt die Kirche als Gemeinschaft der Glaubenden die Sakramente als bleibende Zeichen von Gottes Nähe und Liebe in die konkreten Situationen des menschlichen Lebens. Die Sakramente werden damit Orte der Christusbegegnung, der heilschaffenden und damit der heilenden Begegnung.

Die Botschaft Jesu enthält einen Heilungsauftrag für die Menschen, der in der heutigen Kirche neu zu entdecken und wahrzunehmen ist. Im Kreuz, dem Zeichen des Leidens Gottes für uns Menschen, wird uns die Versöhnung Gottes und seine solidarische Liebe zugesagt; in ihm liegen Hoffnung und Zukunft, denn es ist der Durchgang zur Auferstehung und zu neuem Leben. Es ist das Wissen um die Gnade Gottes, die es möglich macht, uns Menschen auch in unserer Unvollkommenheit, als Sünder, als Schuldiggewordene anzunehmen.

Das Sakrament der Buße als Fest der Befreiung

Die Aufforderung zur Buße ist ein Hauptthema der biblischen Botschaft – sowohl der alttestamentlichen als auch der neutestamentlichen Schriften. Es ist die Forderung, daß der Mensch von seinem bisherigen, von Schuld belasteten Leben umkehren und sich neu auf Gott hin orientieren soll. Es enthält das Angebot, daß Gott immer wieder zur Versöhnung und zu einem Neuanfang bereit ist und diesen auch trägt.

Doch zunächst einmal scheint Buße etwas Bedrückendes, Unangenehmes zu sein – etwas, das man nicht gerne und nur notgedrungen tut. Das bedrohliche Dunkel der Beichtstühle in der katholischen Kirche und die Erfahrungen vieler Christen sind oft geprägt durch das Bild von einem Richtergott, von jenem fordernden, drohenden, strafenden Gott, der die «Furcht», die Angst vor dem Herrn lehrt. Das Grundgefühl vieler Christen, zeitlebens nicht aus der eigenen Schuldhaftigkeit herauszukommen, nie wirklich zur Freiheit der Kinder Gottes zu gelangen, die Bilder von Hölle und Strafe, aber auch die unselige Praxis, die oft statt seelsorgerlicher Sorge für den Menschen die Vollmacht der Lossprechung zu einem Instrument der Unterordnung, der Abhängigkeiten und der Angst werden ließ, prägen bis heute die Abneigung und den Zugang zu diesem Sakrament, das doch eigentlich Sakrament des Heiles und der Heilung sein soll. Ist es verwunderlich, daß in der Schweiz die Bußgottesdienste mit anschließender sakramentaler Absolution als Fest der Befreiung, betont durch den Gemeinschaftscharakter, eine derartig hervorragende seelsorgliche Bedeutung gewonnen haben?

Von dieser furchterfüllten Stimmung ist das Neue Testament weit entfernt. Buße bedeutet hier Befreiung, ist Ereignis, das Freiheit schafft und mit einem Fest gefeiert wird.

Im Gleichnis vom guten Vater, der seinen Sohn, welcher zu ihm zurückgefunden hat, mit Freuden aufnimmt (Lk 15,11ff), oder in der Zachäusgeschichte (Lk 19,1ff), in der dieser Zöllner sein Leben radikal ändert, oder auch in der Erzählung von der Ehebrecherin (Joh 8,1ff) wird die Chance eines Neuanfangs wahrgenommen. Deutlich wird der personale Vorgang der Begegnung mit dem verstehenden und gütigen, ja liebenden Du des Gegenüber. Durch die Zusage der Versöhnung rettet Jesus Christus Leben, schafft aus der Bereitschaft zur Umkehr und dem Versuch, neu anzufangen, einen wirklichen Neubeginn. Statt der Verdrängung von Schuld im Lärm und in der Betriebsamkeit des Alltags, in wortreichem Zerreden oder wohltuenden Belastung anderer wird durch die Begegnung ein Ort der Erkenntnis geschaffen. Durch die Möglichkeit zur Aussprache geschieht die Einsicht: Ich habe einen Fehler gemacht. Aus der Reue und dem Willen zur Wiedergutmachung entsteht die Wende zum Positiven, die von der Hoffnung auf Verzeihen getragen ist. Denn es ist ja nicht die Schuld, die uns Menschen unmündig macht, ja von sich, von der Gemeinschaft und von Gott entfremdet, sondern vielmehr deren Tabuisierung und Verdrängung.

Wenn ich Schuld jedoch eingestehe – vor mir, vor anderen, vor Gott –, wird Befreiung möglich, da gerade das Eingeständnis nach Verzeihung und Vergebung ruft.

Die Frohbotschaft vom Sakrament der Buße vermitteln

Diese Hoffnung wird jedoch nur dann als Heil, als Heilung erfahren, wenn Erlösung, Neuanfang geschieht. Daher ist es maßgeblich, welches Bild von Gott ich verkündet bekomme – das eines liebenden Gottes, eines gütigen, verstehenden und sich erbarmenden Vaters, oder aber das des Richtergottes, der mit strengem, angsteinflößendem Gesicht und dem erhobenen Drohfinger mir begegnen und mich strafen wird. Vom Evangelium Jesu Christi her kann und darf es nur das erstere sein: das Vertrauen auf den liebenden, versöhnungsbereiten Gott, der den Menschen wieder hochzieht, gleich wie tief er gesunken ist und in welcher Gefahr er lebt.

Auch sind die Gebote Gottes nicht als Verbote, sondern als Angebote zu entdecken, als Zusagen Gottes an den Menschen, der sich als in einer unheilvollen Situation erfährt, in der er Wunden zufügt oder erhalten hat. Nur so läßt sich der gebeugte Mensch aufrichten, nur so weiß er sich gehalten und gestützt in der Begegnung mit Gott. So wie Jesus durch die Zusage der Versöhnung Leben rettet, gibt er immer auch Neuorientierung: Gehe hin und sündige nicht mehr!

Doch ebenso wichtig ist für die katechetische Vermittlung und die seelsorgliche Praxis des Sakramentes der Buße, daß der schuldig gewordene Mensch erfährt: Ich werde von der Gemeinde, von meinen Brüdern und Schwestern wieder aufgenommen, denn auch sie verzeihen mir. Jesu Liebesgebot gilt eben auch für uns, ist eingebunden in die soziale Dimension des brüderlich/schwesterlichen Gespräches, das Verzeihung und Vergebung schenkt, wie in das Gebet für den Schuldiggewordenen, das hilft, diesen in einem neuen Licht, im Licht Gottes zu sehen. Gerade die Bußgottesdienste bieten Möglichkeiten, diese sozial bedeutsame Erfahrung wirksam zu erleben, als Schuldiger unter Schuldigen für sich und füreinander zu beten und um Verzeihung zu bitten.

So wichtig das persönliche seelsorgerliche Gespräch, die Beichte, auch ist – denn auch hier ist Gemeinde in der kleinsten Einheit zusammen («Wo zwei oder drei in meinem Namen versammelt sind, da bin ich mitten unter ihnen», so lautet die Verheißung Jesu) –, so wenig sollte sie gegen diese gemeinschaftliche Form der Buße ausgespielt werden. Denn Buße als «Fest» der Befreiung lebt von dieser Gemeinschaft, die zum Herrn um Vergebung ruft und die durch Jesus mit ihm versöhnt wird.

Zugänge aufzeigen, diese Frohbotschaft von der Versöhnung verkünden, um Kindern, Jugendlichen *und* Erwachsenen dieses Fest der Befreiung erfahrbar zu vermitteln und um damit dieses Sakrament neu im christlichen Leben zu verankern, dies wollte die Schweizerische Katechetenvereinigung (SKV) mit ihrem Jahresseminar 1994. Die Referenten hatten es sich zur Aufgabe gemacht, die Wurzeln des Sakramentes der Buße aufzuspüren und für eine befreiende Praxis Anregungen und Hilfen zu entwickeln und weiterzugeben. Das große Interesse an der Tagung machte die Nachfrage der katechetisch Tätigen nach diesem Thema deutlich, die aktive Auseinandersetzung auch den Bedarf an persönlicher Orientierung. Daher soll diese Publikation die Möglichkeit bieten, daß über den Kreis der Teilnehmer am Seminar hinaus eine interessierte Leserschaft sich mit diesen Beiträgen beschäftigt und (wieder neu) einen Zugang zu diesem «Sakrament der Heilung» eröffnet.

WALTER KIRCHSCHLÄGER

Umkehr und Versöhnung

Einladung und Chance biblischer Verkündigung

Einführung

Bei diesem Überdenken des Sakraments der Buße geht es uns nicht um die klassischen Fragestellungen, die längst aufgearbeitet und abgehandelt sind: Wann hat Jesus dieses Sakrament eingesetzt, hat er es eingesetzt, wie hat es die Urkirche gefeiert? Wir alle wissen, daß die Katechismusantworten von einst und jetzt darauf zu vereinfachend sind[1] und dem vielfältigeren Verständnis von sakramentaler Wirklichkeit Platz einräumen müssen.

Es geht vielmehr darum, den ohne Zweifel feststellbaren Befund gegenwärtiger religiöser Praxis aufzuarbeiten. Dieser lautet, bezogen auf unser Thema und einmal sehr knapp formuliert: Das Sakrament der Buße hat seine Attraktivität verloren. Der Gründe dafür wären viele zu nennen. Dieser Befund regt entweder dazu an, die Thematik als unbedeutend zur Seite zu legen, oder sie gerade wegen des Defizits an Interesse, an Nachfrage, auch wegen vielfacher Hilflosigkeit im Umgang damit erneut zu vertiefen. Genau das letztere ist das Anliegen der folgenden Ausführungen. Denn bei aller Unsicherheit, bei aller Nichtbeachtung des diesbezüglichen sakramentalen Angebotes der Kirche bleibt doch im einzelnen Menschen eine gewisse Sehnsucht zurück, daß da immer wieder ein Schlußstrich möglich sei unter alles, was der Mensch «an Gutem unterlassen und an Bösem getan» hat[2].

Der biblische Schwerpunkt ist dabei unverzichtbar. Denn unser Nachdenken ist dort zu verankern, wo Gott wesentlich über die Zusammenhänge von Gott und Mensch, über die Beziehung seines Geschöpfes zum Schöpfer, freilich auch über die Beziehungs-losigkeit in diesem Bereich gesprochen hat. Daß das Sprechen Gottes auch diesbezüglich sehr facettenreich ist, wird sich im weiteren ja zeigen. Wir gehen den Weg durch die Bibel anhand jenes roten Fadens, dem wir im Bedenken des Alten und des Neuen Testaments zu unserer Thematik folgen können.

Wir gehen von Gott selbst aus. Für den Menschen ist er auch in diesem Bereich der entscheidende Partner, jener, der initiativ ist, der das Gespräch mit uns Menschen – im weitesten Sinne des Wortes – eröffnet hat, der es führt[3]. Wir sprechen also zunächst, in diesem 1. Abschnitt, über die biblische Vorstellung von Gott und darüber, welche Grundkonsequenz dies auslösen muß. Diese Grundkonsequenz wird im 2. Abschnitt etwas ausführlicher dargelegt werden. Haben wir uns auf diese Grundlage besonnen, können wir dort weiterdenken, wo Gott seine Haltung gegenüber dem Menschen in einzigartiger Weise konkretisiert hat (und damit auch die Menschen neu herausfordert): nämlich im Wirken Jesu von Nazaret. Wir werden uns daher in einem 3. Abschnitt der Frage zuwenden, welche Folgerungen wir aus dem Wirken Jesu zum vorliegenden Themenkreis ziehen müssen. Dies bietet die notwendige Grundlage dafür, um die entsprechenden Ergebnisse aus der Sicht der nachösterlichen Verkündigung im 4. Abschnitt zu vertiefen. Dabei bleiben wir uns bewußt, daß diese nachösterliche Epoche bis in unsere Gegenwart reicht und wir damit den Schritt in unsere Zeit zumindest andeuten. Ihn weiter zu verfolgen bleibt sodann dem Dogmatiker und dem Religionspädagogen überlassen ...

Auf eine begriffliche Vorgabe muß noch hingewiesen werden: Naturgemäß ist weder im Alten noch im Neuen

Testament von «Sakrament der Buße» die Rede. Was gedanklich im biblischen Kontext auf diese spätere Formulierung hinweist, möchte ich mit dem Begriff «Umkehr» umschreiben: Umkehr als Chance, als Angebot, als Notwendigkeit, als Aufruf und immer neue Einladung. Dem beigeordnet ist die notwendige Besinnung, eine ehrliche Selbsteinschätzung meiner gesamten Person also, und die Bereitschaft zur Buße, das heißt: dazu, die Folgen meines Handelns, konkret oder symbolisch, zu tragen. Das will keine Definition sein, sondern soll nur zur Klärung und zum besseren Verständnis beitragen.

1. Der Glaube an den Gott Jahwe und die Notwendigkeit der Umkehr

Die Notwendigkeit wie auch die Chance von Umkehr hängen für den Menschen eng mit dem Gottesbild zusammen. Um dies genauer darzulegen, werden wir uns in einem ersten Teil mit der Grunddimension Gottes auseinandersetzen, wie sie uns in den Schriften des Alten Testaments bezeugt und verkündet wird (1.1.). Dies bietet die Grundlage dafür, in einem zweiten Teil verschiedene Entfaltungen im Hinblick auf das gestellte Thema zu sichten (1.2.). Damit können die notwendigen Voraussetzungen für das Weitere geschaffen werden.

Nur schwerlich können wir aus der Bibel das Gottesbild schlechthin erheben. Es sind immer lediglich einzelne Gesichtspunkte, die verschiedene Menschen oder Menschengruppen von diesem Gott erfahren und begreifen können. Ein genauerer Blick durch die Schriften des Alten Testaments kann uns auf mehrere solche Facetten oder Eigentümlichkeiten Gottes hin sensibilisieren. Sie alle zusammengenommen runden unser Gottesbild einigermaßen ab – wobei wir uns bewußt bleiben, daß es menschliche Rede, menschliche Versuche bleiben, den unbesprechbaren Gott zu beschreiben. Dennoch – wie sich aus der nachstehenden Skizze ergibt – hilft uns die Vielfalt, über den Einzelzugang hinaus unseren Blick zu weiten und so auch zu vertiefen.

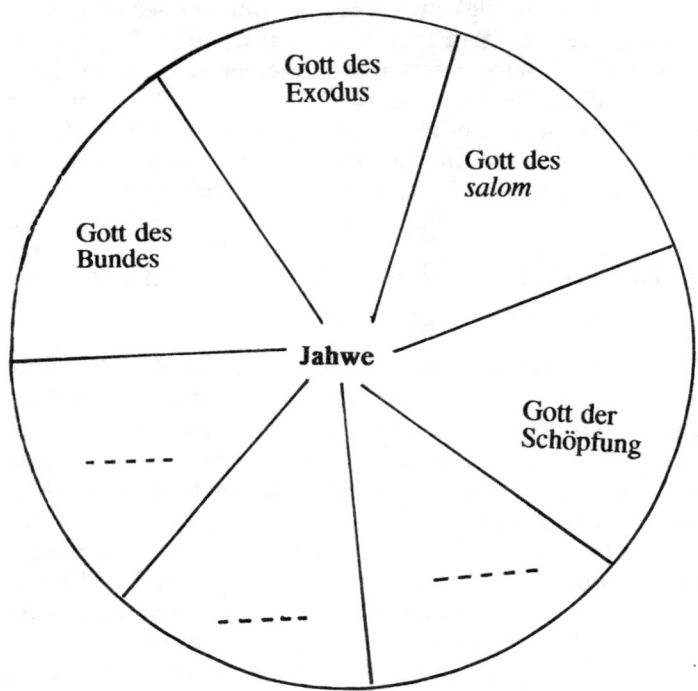

Im Folgenden greife ich jene Facetten des Gottesbildes heraus, die konsequent in den biblischen Schriften durchgehalten sind und die sich auf das gestellte Thema beziehen. Insofern diese Beschreibungen jeweils auf ein Stück Gotteserfahrung aufbauen, vermitteln sie auch die Absicht Gottes, so zu sein, wie er sich durch sein Wort und sein Handeln konkret zugänglich macht. Entscheidend ist dabei, daß wir die angesprochenen Aspekte keinesfalls als abschließend betrachten, sondern um die Offenheit dieser Beschreibung für weitere Aspekte wissen und uns ebenfalls bewußt sind, daß wir mit jenen Begriffen, die aus der menschlichen Erfahrungswelt stammen, die Eigenart Gottes nur unzulänglich und verkürzend ausdrücken können[4].

1.1. Gott in Israel

Ich beginne mit dem Wichtigsten: Der Gott der Bibel erschließt seinen Namen. Auf die Dornbuscherzählung Ex 3 muß hier nicht näher eingegangen werden. Vielmehr richten wir unser Augenmerk auf das Geschehen selbst und auf dessen inhaltliche Dimension.

Mit der Offenbarung seines Namens eröffnet Gott selbst den Zugang zu seiner Person. Darin ist seine Absicht erkennbar, den Menschen an seinem Wesen Anteil haben zu lassen, für den Menschen ansprechbar zu sein und so eine Kommunikationsebene zu eröffnen. In aller Zukunft soll der Mensch nicht mehr über diese Gottheit rätseln, nein: Durch die Kenntnis des Namens ist das Rätsel Gottes, auch ein wenig sein Geheimnis, entschlüsselt: Der Mensch darf und soll wissen, wer sein Gott ist. Gerade die Bedeutung des Namens, der Namensnennung und der Namensgabe in der Antike unterstreichen die Bedeutung des Faktums, daß Gott seinen Namen nicht verbirgt, sondern Mose gegenüber ausdrücklich benennt[5].

Dieser Name Gottes ist – wie könnte es anders sein – in sich wiederum eine dichte Botschaft. JAHWE – so schreibt der biblische Verfasser. Der Name Gottes ist so groß, daß er in späteren Zeiten nicht ausgesprochen, sondern umschrieben wird; denn er verweist auf die unendliche Größe Gottes. Schon der Umgang mit dem Namen Gottes sagt also etwas über diesen Gott aus. Der Name selbst – Jahwe – beinhaltet die Grundmomente einer absoluten Zusage: «Ich bin, der für euch dasein *wird*» – so ist wohl am ehesten zu übertragen bzw. zu paraphrasieren. Gottes Sein, seine Existenz ist also in Beziehung zu den Menschen gesetzt; sein «Ich bin» steht nicht absolut, ungebunden, ohne weitere Sinn- oder Zielangabe, nein: Es steht in Verbindung «für euch», für die in der Person des Mose gleichsam stellvertretend angesprochenen Israeliten[6]. Diese Wesensbestimmung Gottes ist nicht im Sinne einer narrativen Aufarbeitung zu verstehen, auch nicht als das Programm eines Augenblicks, sondern als eine unbedingte, uneingeschränkte Zusage in alle Zukunft, in eine Zukunft freilich, die schon in der Vergangenheit begonnen hat. Aus der Sicht des biblischen Verfassers bedeutet dies: Jener Gott, der mit Abraham, Isaak und Jakob gewesen war, dieser Gott bleibt mit Israel jetzt und in alle Zukunft – nicht etwa, weil dies einer Laune des Augenblicks entspräche, sondern weil der Name Gottes so und nicht anders lautet.

«Für euch dasein» ist die inhaltliche Kernaussage dieses Namens. Gott ist also an den Menschen gelegen; er umschreibt sich nicht als einer, der für sich selbst ist, sondern für die Menschen, gleichwohl diese in ihrem Dasein von ihm abhängig sind. Sein Name weist weg von ihm selbst und hin auf andere, und für diese ist er da[7]. In der theologischen Fachsprache gebrauchen wir dafür den Begriff *Pro-Existenz*, «Für-Sein» also. Das gibt diesem Gott eine ganz bestimmte Ausrichtung und Dimension.

Wie grundlegend der Gottesname Jahwe für das biblische Gottesbild bleibt, können wir an den folgenden Gesichtspunkten ablesen, lassen sie sich doch – notwendigerweise – auf jene Identität Gottes zurückführen bzw. von dort ableiten, die im Namen Gottes ausgedrückt ist[8].

1.2. Entfaltungen des Gottesbildes

1.2.1. Der Gott Israels ist ein Gott des Bundes. Ich setze mit dieser Umschreibung fort, weil sie gleichsam eine Konkretisierung des Gottesnamens darstellt. Für Israel ist es in seiner gesamten theologischen Geschichte eine beglückende und zugleich herausfordernde Wirklichkeit, daß Gott zu diesem Volk in einem Bundesverhältnis steht[9]. Rufen wir uns die markanten Phasen dieser Bundeswirklichkeit in Erinnerung[10]:

– Schon in der Urgeschichte wird davon erzählt, daß Gott mit Noach und seinen Söhnen einen Bund schließt. Dieser Bund erstreckt sich auch auf Noachs Nachkommen, ja auf alle Lebewesen aus der Arche (vgl. Gen 9,9–10). Er ist Ausdruck des Neuanfangs nach der Sintflut, als Zeichen dafür setzt Gott den Regenbogen: «Meinen Bogen setze ich in die Wolken» (Gen 9,13). Mit diesem Zeichen ist zugleich die Dauerhaftigkeit des Bundes angedeutet, für ewige Zeiten soll er Geltung haben.

– Die Geschichte Gottes mit Abraham, im strengen Sinne also die Geschichte Israels mit seinem Gott, ist erneut von der Absicht Gottes bestimmt, mit Abraham einen Bund zu schließen. Trotz seiner Kinderlosigkeit glaubte dieser an die Verheißung Gottes, in der Zahl der Sterne seine Nachkommenschaft abgebildet zu sehen. Das gelobte Land selbst ist Zusage aufgrund dieses Bundes (vgl. Gen 15,18–20; dazu bereits 17,8) – so deutet der jahwistische Verfasser zu einer Zeit, da diese Landnahme bereits vollzogen ist. Was diesen Bund aber tatsächlich ausmacht, formuliert sodann der Verfasser der Priesterschrift, als er die Beschneidung als Unterscheidungszeichen des Volkes theologisch im Bund verankert: Ich will dir Gott sein. Diese Zusage gilt nicht nur Abraham, erneut ist sie auf die Zukunft gerichtet:

«Meinen Bund schließe ich mit Isaak,
den dir Sara im nächsten Jahr um diese Zeit gebären wird.»
(Gen 17,21)

– Im Kontext der Theophanien am Sinai bildet erneut das Thema «Bund» den theologischen Leitfaden. Der biblische Erzähler schließt damit an die Zusagen der Patriarchengeschichte und der Auszugserzählung an:

«Ich bin Abraham, Isaak und Jakob als El-Schaddai erschie-nen... Auch habe ich mit ihnen einen Bund geschlossen und habe versprochen, ihnen das Land Kanaan zu geben...Sag zu den Israeliten: Ich bin Jahwe. Ich führe euch aus dem Fron-dienst für die Ägypter heraus und rette euch aus der Sklaverei. Ich erlöse euch mit hoch erhobenem Arm und durch ein gewaltiges Strafgericht über sie. Ich nehme euch als mein Volk an und werde euer Gott sein. Ich nehme euch als mein Volk an und werde euer Gott sein. Und ihr sollt wissen, daß ich Jahwe bin, euer Gott, der euch aus dem Frondienst in Ägypten her-ausführt. Ich führe euch in das Land, das ich Abraham, Isaak und Jakob unter Eid versprochen habe. Ich übergebe es euch als Eigentum, ich, der Herr.» (Ex 6,3–8)

Diese Zusage des Bundes wird am Sinai effektuiert, nachdem Gott tatsächlich den Auszug gewirkt hat. In mehreren Schilderungen aus verschiedenen Epochen und Schichten wird der Bundesschluß am Sinai dargestellt (vgl. Ex 34,5–10; 34,27; 24,3–4.7–8). Das gesamte soge-nannte Bundesbuch (Ex 21–23) bildet die Urkunde die-ses Bundes, der feierlich durch ein Opfer besiegelt wird (vgl. Ex 24,1–18)[11].

Ich habe in dieser überblicksmäßigen Zusammen-schau bewußt die verschiedenen Traditionsströme, die «Schichten des Pentateuchs», miteinander verwoben, um so deutlich zu machen, daß diese Idee des Bundes tat-sächlich ein umfassendes theologisches Rahmengerüst israelitischen und jüdischen Denkens über Gott dar-stellt[12]. Dies sei zwischendurch angemerkt, bevor wir uns die weitere Entwicklung dieser theologischen Idee vor Augen führen:

– In der gleichen Epoche, da die priesterschriftlichen Verfasser die Bundesidee ausformulieren (siehe oben Gen 17 und Ex 24), beklagen die Propheten den Bruch des Bundes aufgrund des Abfalls Israels von seinem Gott und der Zuwendung zum Götzendienst. Im Bild des geduldigen Ehemannes, der auf die Rückkehr seiner untreuen Frau wartet, begegnet Gott als ein langmütiger Gott, der auf die Umkehr des Bundespartners Israel wartet, bereit, ihn erneut aufzunehmen. Hand in Hand mit dieser Rückkehr muß die Neugestaltung der Herzen als Grundlage für einen neuen Bund geschehen. Denn in dieses neue Herz aus Fleisch wird Gott seinen neuen Bund schreiben – wie Jeremia ausführt (vgl. Jer 31,31–34). Diese Zeit des neuen Bundes erscheint angesichts des erkennbaren Untergangs des Südreiches und Jerusalems als eine neue Heilszeit (vgl. Jer 31,31–34; Ez 36,22–38), als eine hoffnungsvolle Epoche in der Zukunft[13].

– Es ist uns bewußt, daß Jesus von Nazaret sein Wirken unter diesem Blickwinkel eingeordnet hat. Die Selbstgabe seines Lebens aufgrund seines unbeirrbaren Wirkens in der Verkündigung der Gottesherrschaft deutet Jesus als Zeichen dafür, daß dieser neue Bund anbricht, eine neue Heilszeit zwischen Gott und Mensch (vgl. Mk 14,23–24 par; 1 Kor 11,25)[14]. Die neutestamentlichen Verfasser führen diesen Gedanken weiter[15]. So kann der Verfasser der Offenbarung des Johannes schließlich sein Werk mit einer Vision des neuen Jerusalem beschließen, in dem der Bundesinhalt volle Wirklichkeit wird: Gott selbst wird unter den Menschen wohnen; er wird ihr Gott sein, sie werden sein Volk sein, und es wird weder den Tod geben, noch Trauer und Schmerz (vgl. Offb 21,1–5)[16].

Der Bund ist also Garant und Zeichen des Heils zwischen Gott und den Menschen. Fragen wir nach den theologischen Inhalten, welche diese Idee prägen, so stoßen wir in der Tat auf bemerkenswerte Elemente.

Das Bundesdenken wird in den biblischen Schriften des öfteren in der sogenannten Bundesformel ausformuliert, welche eine gegenseitige Verpflichtung zum Ausdruck bringt. Sie geht ursprünglich auf eine kanaanitische Eheschließungsformel zurück und besagt die je gegenseitige Zuordnung der beiden Bundespartner. Bezogen auf Israel, lautet diese Formel:

Ich werde für euch Gott sein;
ihr werdet für mich Volk sein.

Darin kommt erneut jener Grundgedanke zum Ausdruck, der im Jahwenamen begegnet war: Dieser Gott interpretiert seine Identität durch die Zuordnung auf den Menschen. Zugleich erwartet er von Israel die gleiche Zuordnung auf Gott hin. Die Rede ist also vom *Für-Sein*, von einer Proexistenz, welche aus der Gegenwart in die Zukunft reicht[17].

Diese Grundhaltung wird nicht im Sinne einer Absichtserklärung formuliert, sondern in der Form einer *bindenden* Zusage und Vereinbarung. Das Sprechen vom Bund schließt die Selbst*bindung* Gottes, seine Selbstverpflichtung mit ein, das bedeutet: Israel spricht von einem Gott, der sich darin festgelegt hat, für sein Volk dazusein. Dabei darf umgekehrt nicht übersehen werden, daß Israel sich darin als ein Volk definiert, das in der Verpflichtung lebt, ein Volk für diesen seinen Gott zu sein.

Es mag unter anderem der Hintergrund dieser Idee des Bundes gewesen sein, der die biblischen Verfasser dazu veranlaßt hat, über das Wesen des Menschen etwas präziser – und für ihre Epoche unzeitgemäß – nachzudenken. Denn die eklatante Ungleichheit der Bundespartner Gott und Israel konnte ja nicht ohne weiterführende Klarstellung zur Kenntnis genommen werden.

Wenn Gott Abraham, Isaak, Jakob, ja ganz Israel zu Partnern seines Bundesschlusses macht, muß der Mensch selbst als ein Wesen in großer Nähe Gottes gesehen werden.

Die Entfaltung solchen Denkens begegnet im ersten, zugleich jüngeren Schöpfungsbericht, in dem der Mensch als die zweigeschlechtliche Entfaltung des Abbildes Gottes definiert wird:

«Gott schuf den Menschen als sein Abbild,
als Abbild Gottes schuf er ihn;
männlich, weiblich schuf er sie.»
(Gen 1,26–27)

Darin ist nicht nur eine Umschreibung, sondern auch ein Programm, eine Zielvorgabe ausgedrückt. Diese Abbildhaftigkeit zu leben ist Voraussetzung für des Menschen Bundesfähigkeit. Indem der Mensch «Mensch für Gott» ist, wird er seiner Schöpfungsbestimmung gerecht und lebt diese. Negativ ausgedrückt bedeutet dies: Verfehlt der Mensch seine Abbildhaftigkeit Gottes, so lebt er nicht «für Gott», also nicht bundeskonform. Er entzieht sich also seiner ureigenen Bestimmung.

Die Tragweite einer solchen Konzeption ist hier nicht zu erörtern. Sie bildet aber den Hintergrund dafür, daß wir überhaupt in verbindlicher Weise von Buße und Umkehr sprechen können – gehen wir doch davon aus, daß dieser Gott Jahwe trotz und in all seiner Freiheit kein launenhafter Gott ist, sondern einer, dessen Verhalten gegenüber dem Menschen absehbar, weil zugesagt ist, auch dann und dort, wo der Mensch nicht dem entspricht, was in der Idee des Bundes vorgezeichnet ist[18]. Selbst dann verliert Gott nicht seinen Namen Jahwe, selbst dann kündigt er nicht den Bund. Es ist eben dieses Bundesbewußtsein, das dem Menschen die Chance des Neubeginns ermöglicht – darf er doch darin Gewißheit haben, daß der Gott Jahwe ein Gott für ihn bleibt...

1.2.2. Von diesem Bundesgott bekennen die biblischen Verfasser, daß er *ein Gott des salom,* des Friedens ist. Jesaja entwickelt in seinem Sprechen über den Sproß aus der Wurzel Isais als dem Gesalbten Gottes ein umfassendes Bild davon, was «Frieden» im biblischen Kontext bedeuten könnte. «Man tut nichts Böses mehr auf meinem heiligen Berg», heißt es Jes 11,9. Anschaulich wird entwickelt, wie dieser Friede als eine von Gerechtigkeit geprägte Gemeinschaft sich im Leben auswirkt: Der Wolf wohnt beim Lamm; der Löwe frißt Stroh; der Säugling spielt vor dem Schlupfloch der Natter. Friede kann sich erfüllen, weil das Böse nicht mehr geschieht.

Friede/*salom* ist mehr als kein Krieg. Friede ist die Fülle des Heils Gottes, die sich in der Zeit des Messias ereignen wird. Jesaja spricht von ihm daher auch als dem «Fürst des Friedens» (Jes 9,5), der Prophet Micha hatte schon früher angekündigt, er, der Messias, werde selbst «der Friede sein» (Mi 5,4).

Friede ist keine innerweltliche Größe, es ist ein von Gott gegebenes, umfassendes Geschenk, es ist jenes dem Menschen zugewendete, umfassende Wirken, das Israel erhofft und auch erwarten darf[19]. Psalm 85 vermittelt dazu eine vielfältige Palette göttlichen Handelns zum Wohle des Menschen: Heil, Huld, Gerechtigkeit, Treue, Segen prägen seinen Umgang mit Israel.

Gerade in Krisenzeiten wird diese Hoffnung auf den *salom* Gottes in die Zukunft projiziert. Dessen ungeachtet ist Israel davon überzeugt, daß sein Gott Jahwe stets heilstiftend wirksam ist. Gerade das Gelingen des Exodus und der damit verknüpfte Bundesschluß sind dafür untrügliche Indizien. Was für die messianische Zukunft in Fülle erhofft wird, beruht auf der Heilserfahrung der Gegenwart.

Dem Richter Gideon wird als Besiegelung seiner Berufung und seiner Sendung zur Befreiung Israels aus der Gewalt Midians der Friede zugesprochen:

«Der Herr erwiderte ihm:
Friede ist mit dir.» (Ri 6,23)

Was *salom* hier bedeutet, ist bereits zuvor erläutert:

«Weil ich mit dir bin,
wirst du Midian schlagen,
als wäre es nur ein Mann».
(Ri 6,16)

Salom ist schlechthin die Umschreibung für die Gottes-
gegenwart, für Gottesgemeinschaft. Gideon, so schließt
die Erzählung, baut für Jahwe einen Altar, und er nennt
ihn: Jahwe *salom*. Gott selbst ist der Identifikations-
punkt für heilstiftende Gemeinschaft[20].

Die Dichte der auf den Frieden bezogenen Aussagen
ist im skizzierten Kontext um so bemerkenswerter, als es
ja insgesamt um eine kriegerische Auseinandersetzung
mit Midian geht. Aber der Einwand, dieser Gott Jahwe
werde auch als jener dargestellt, der im Krieg den Sieg
verleiht, der auf seiten Israels steht und somit partikular
parteiisch handle, ist nur scheinbar. Denn er übersieht,
daß auch die Gotteserfahrung Israels nur aus dem Zeit-
kontext heraus begriffen und formuliert werden kann.
Dies gilt gerade dort, wo diese Gottesvorstellung in
unmittelbaren Bezug zur Geschichte Israels gesetzt wird.
Was nützt – so könnte man fragen – einem bedrängten
Volk sein Gott, wenn er nicht auf seiner Seite steht, so
wie die Götter der umliegenden Völker auch? Aus einer
solchen Fragestellung wird die Zeitbedingtheit der Gottesvorstellung erkennbar. Um so bedeutsamer ist es, «Frieden» nicht einzuengen auf: kein Krieg, sondern die theologische Perspektive in den Vordergrund zu rücken.

Dies soll schließlich noch durch den Blick auf einen
uns allen bekannten Text, den sogenannten «Aaronse-
gen», geschehen. In drei einander ergänzenden und in
der Aussage intensiver fortschreitenden parallelen Sinn-

zeilen wird seit uralter Zeit der Segen Gottes auf Israel erbeten. Daß er auf einen durch Gottesrede an Aaron vermittelten Auftrag zurückgeführt wird, zeigt die grundlegende Bedeutung in der theologischen Tradition Israels:

«Der Herr segne dich und behüte dich.
Der Herr lasse sein Angesicht über dich leuchten und sei dir gnädig.
Der Herr wende sein Angesicht dir zu und schenke dir salom.»
(Num 6,24–26)

«Zuwendung des Angesichts» umschreibt die personale Begegnung mit Gott (wie sie auch in der Gideongeschichte enthalten ist). *Salom* steht für die Fülle der darin vermittelten Gemeinschaft mit Gott, ja mehr noch: Denn illustrativ ist jener Nachsatz, der die Anweisung zu diesem Segen abschließt:

«So sollen sie meinen Namen auf die Israeliten legen,
und ich werde sie segnen.»
(Num 6,27)

Der Name, also das Wesen, die Identität Gottes sind in dieser Zusage zum Ausdruck gebracht. Gott vermittelt sich selbst als Inbegriff von Heil und Gemeinschaft, eben von *salom*.

Der Vollständigkeit halber sei auch in diesem Zusammenhang die theologische Linie in das Neue Testament weitergeführt. Die beim Propheten Micha vorgefundene Identifikation des Messias mit dem *salom* Gottes wird Eph 2,14 aufgegriffen. Weil aufgrund des Ostergeschehens allen Menschen in der Kraft des Geistes *salom* zugesprochen ist (vgl. so Joh 20,19–23), kann Lukas dies bereits in seiner Deutung der Menschwerdung Jesu vorwegnehmen: Da der Retter, der Heilbringer geboren ist (vgl. Lk 2,11), ist allen Menschen auf Erden *salom* zugesprochen, stehen sie doch nunmehr, aufgrund der

Geburt des Messias, in der Huld Gottes (so Lk 2,14). Auch an dieser Stelle wird später nochmals anzusetzen sein.

Zunächst ist aber der Versuch der Beschreibung des Gottesbildes Israels fortzusetzen:

1.2.3. Der Gott Israels ist der befreiende Gott des Exodus.
Es ist absolut unerläßlich, diese Perspektive hier anzusprechen, obgleich ich damit Bekanntes thematisiere. Ich beschränke mich daher auf wenige Hinweise.

Abgesehen von den Vätergeschichten, welche das Geschichtsbewußtsein Israels geprägt haben und zugleich sein Verständnis von Kontinuität verdeutlichen, sind es vor allem die Überlieferungen vom Auszug aus Ägypten, welche das Gottesverständnis Israels prägen. Es ist bereits zutage getreten, daß die Erfahrung der gelungenen Flucht für die Mosesippe die Grundlage dafür war, über die Identität Gottes nachzudenken – ein Prozeß, der in der Dornbuscherzählung, verbunden mit der Offenbarung des Gottesnamens, seinen Niederschlag gefunden hat[21]. Entscheidend ist dabei einerseits, daß zwischen diesem Gott und der Gottheit der Vätergestalten eine Brücke geschlagen wird: Der Gott Jahwe, der Gott des Exodus also ist auch oder bereits der Gott Abrahams, Isaaks und Jakobs; andererseits wird die Grundhaltung dieses Gottes, wie sie im Exodus erkennbar ist, die Basis für die Formulierung des Bundes und das Sprechen vom Bundesgott. Der gelungene Exodus bleibt durch die Zeiten das paradigmatische, das vorbildhafte Handeln Gottes schlechthin, und es durchzieht die jüdische Theologie bis in die frühe christliche (und darüber hinaus)[22]. Beispielhaft sei nur auf die Verarbeitung in den Psalmen verwiesen, auf den Rückgriff der Exilspropheten, welche die Heimkehr Israels als erneuten Wüstenzug deuten, auf die Anspielungen in der Weisheitsliteratur sowie schließlich auf die Deutung des Christusgeschehens als eines neuen Exodus.

Ich möchte in diesem Zusammenhang nur auf einen Text hinweisen, auf das Urcredo Israels in Dtn 6. Das sogenannte *Sch'ma Israel*, tägliches Gebet des praktizierenden Juden bis in unsere Tage[23], enthält das Bekenntnis zu dem einen, einzigen Gott, der zu lieben und zu achten ist mit allen Möglichkeiten menschlicher Existenz. Auf allen Wegen soll diese Weisung den Glaubenden begleiten, überall soll er sie für sich sichtbar anbringen (vgl. Dtn 6,4–9).

Diese Proklamation der Einzigkeit Gottes und die damit verbundene Weisung kann aus einem einzigen Grund erfolgen, und dies ist der Exodus:

«Nimm dich in acht, daß du nicht den Herrn vergißt,
der dich aus Ägypten, dem Sklavenhaus, geführt hat.»
(Dtn 6,12)

Vor allem aber: Dieses Bekenntnis soll Israel in seiner Mitte wachhalten durch alle Zeiten:

«Wenn dich morgen dein Sohn fragt: Warum achtet ihr auf die Satzungen, die Gesetze und Rechtsvorschriften, auf die der Herr, unser Gott, euch verpflichtet hat, dann sollst du deinem Sohn antworten:
Sklaven des Pharao waren wir in Ägypten,
und der Herr hat uns mit starker Hand aus Ägypten geführt...»
(Dtn 6,20–21)

Israel bekennt sich also zu einem Gott, von dessen befreiendem Handeln es aufgrund eigener Erfahrung überzeugt ist, und diese Überzeugung gibt Israel durch die Generationen weiter: Gott duldet weder Unterdrückung noch jedwede Form von Knechtschaft. Er greift selbst ein, um aus der Knechtschaft «herauszureißen», und er wird es tun in alle Zukunft, da er sich selbst treu ist.

Auch diese Perspektive des Gottesbildes wird uns nochmals beschäftigen müssen. Zunächst gilt es aber, diesem Handeln Gottes grundsätzlicher nachzuspüren. Wir können dies tun, indem wir uns im Versuch, Israels Gottesvorstellung zu entfalten, einem letzten Schritt zuwenden.

1.2.4. *Der Gott Israels ist der Schöpfergott*. Es ist nicht zufällig, daß dieser Gesichtspunkt als letzter zur Sprache kommt. Auch in der theologischen Entwicklung kommt diese Überzeugung erst relativ spät, nämlich zur Zeit des Exils, zum Durchbruch. Stärker auf die eigene Heilserfahrung bezogene Aspekte des Gottesbildes – wie z.B. der Bund und der Exodus – stehen in älteren Zeiten mehr im Vordergrund. Erst die Krise des Exils zwingt dazu, übergreifendere Gottesattribute zu thematisieren, Gottesaussagen, die auch und trotz der Katastrophe von Landverlust und Vertreibung aus Jerusalem nicht in Frage gestellt werden können.[24]

Der Hinweis auf die Schöpfung ist eben selbst dann nicht diskutierbar, wenn Israel aller anderen Werte verlustig geht. Natürlich hat schon der Jahwist viel früher seine theologische Darstellung mit dem älteren Schöpfungsbericht (Gen 2,4b–24) eröffnet[25]. Will man die Schöpfung nicht einem Urmythos oder auch götzenhaft-dämonischen Mächten zuschreiben, muß ja notwendigerweise auf den eigenen Gott als Urheber zurückgegriffen werden. Dieses Phänomen begegnet auch bei den umliegenden Völkern. Aber erst mit dem priesterschriftlichen Schöpfungsbericht (Gen 1,1–2,4a) und der diesbezüglichen Verkündigung eines Deuterojesaja erhält die Formel: «Jahwe ist auch der Schöpfer der Welt» theologisch-tragende Bedeutung[26].

Im vorliegenden thematischen Zusammenhang erhält dieses Sprechen von Gott als dem Schöpfer mehrfache Bedeutung. Um sie darzustellen, beziehe ich mich auf den ersten Schöpfungsbericht in Gen 1:

– Zunächst ist der Mensch in der Schöpfung mehrfach seinem Wesen nach beschrieben. Ihm wird, um beim Wichtigsten zu beginnen, zuerkannt, daß er eine besondere Nähe, eben eine Abbildhaftigkeit zum Schöpfer selbst hat. Keinem anderen Geschöpf wird dies zugeschrieben. Verneint der Mensch diese Dimension seines Wesens in seinem Leben, entfernt er sich von seiner ursprünglich gottgegebenen Identität.

Gerade darin liegt ja auch die Tragik des Sündenfalls, begnügt sich der Mensch ja nicht mit dieser Abbildhaftigkeit, sondern will er «sein wie Gott» (Gen 3,5). Damit verläßt er seine Identität als Geschöpf und verleugnet somit sein Wesen.

– Diese mit seiner Erschaffung gegebene Bestimmung, Abbild Gottes zu sein, bedingt für den Menschen des weiteren, daß er ein freies Wesen ist. Er allein verfügt über einen freien Willen, über die Möglichkeit also, zu Gott Ja oder Nein zu sagen. Diese Qualität beinhaltet Herausforderung, Chance ebenso wie Gefahr. Dort, wo es für den Menschen zur Gefahr wird, wo er seine Freiheit verliert, in Knechtschaft gerät, besinnt sich Israel auf Gottes den Exodus bewirkende Kraft. Die Notwendigkeit, daß Gott ein befreiender Gott ist, ergibt sich also aus dem Wesen des Menschen, wie es in der Schöpfung grundgelegt ist.

Um unsere Gedanken auf Zukünftiges offenzuhalten, sei in diesem Zusammenhang nur auf die entsprechende Theologie des Paulus verwiesen. Er betont gegenüber der Gemeinde von Korinth: «Wer in Christus ist, der ist eine neue Schöpfung» (2 Kor 5,17). Was dies im Beziehungsfeld von freier Willensentscheidung und von befreiendem Handeln Gottes in Jesus Christus bedeutet, wird noch zu überdenken sein.

– Schließlich bringt die Passage über die Erschaffung des Menschen in Gen 1 die damit verbundene Absicht Gottes zum Ausdruck, daß der Mensch lebt. Der Mensch wird auf ein dynamisches Leben hin erschaffen, in dem er der gesamten Schöpfung leitend und gestaltend vorangehen soll. Gott ist kein Gott der Toten, und Gott will auch nicht den Tod des Sünders – Diese Überzeugung der israelitischen Theologie, wie sie in den Psalmen (vgl. z.B. Ps 87,11; 113,25), in der Weisheitsliteratur (Weish 1,13) und bei Ez (18,23) greifbar ist, hat den gleichen gedanklichen Hintergrund wie der priesterschriftliche Schöpfungsbericht.

Ich fasse zusammen: Beschäftigen wir uns mit dem Gott Israels, der auch der Gott Jesu und unser Gott ist, so sprechen wir zunächst und grundlegend von einem Gott, dessen Wesen durch seine Proexistenz, sein Für-uns-Sein gekennzeichnet ist, wie es in seinem Namen zum Ausdruck kommt: Jahwe.

Wie wir gesehen haben, kann dies in mehrere inhaltliche Bereiche aufgefächert werden. Ohne Zweifel sind nicht alle zur Sprache gekommen, sondern jene, die unserem thematischen Zusammenhang nahestehen. Zugleich sind es jene Facetten eines Gottesbildes, die uns danach drängen, die Stellung des Menschen im Beziehungsgefüge Gott – Mensch immer neu zu überprüfen und zu überdenken.

Damit werden wir uns im folgenden Abschnitt auseinandersetzen.

2. Der Ruf zur Umkehr als Leitidee alttestamentlicher Verkündigung

Für die Auseinandersetzung mit dem Thema «Umkehr» haben wir bei einer Beschäftigung mit dem alttestamentlichen Gottesbild angesetzt. Damit wurden die Voraussetzungen dafür geschaffen, um überhaupt über Umkehr nachdenken zu können.

Einige grundsätzliche Elemente möchte ich voraustellen: Zunächst ist das Verhältnis zwischen Gott und

Mensch zu beschreiben (2.1.). Dies ermöglicht es, die Notwendigkeit von Umkehr zu bedenken (2.2.), so daß sie in ihren Grunddimensionen skizziert (2.3.) und zur Absicht Gottes mit den Menschen in Beziehung gesetzt werden kann (2.4.).

2.1. Gott und Mensch

Es gehört zu den Grundaussagen der biblischen Offenbarung, daß der große, einzige Gott, den Israel als den Gott Jahwe bekennt, zu seinem Geschöpf Mensch in Beziehung getreten ist[27]. Dieser Weg ist Gott keineswegs vorgezeichnet, er ist auch nicht aus innerer Notwendigkeit vorgegeben oder legt sich aus solchen Gründen nahe. Vielmehr entspringt er der freien Entscheidung Gottes. «Gott hat es gefallen»[28] – sagt das letzte Konzil zu diesem Thema, und der Konzilstext fügt sogleich den Grund und das Motiv Gottes dafür an: «...aus überströmender Liebe...»[29].

Dies deckt sich mit dem biblischen Befund. Auch Israel muß sich sagen lassen, daß Gott dieses Volk nicht wegen seiner Vorzüge angesprochen hat oder wegen seiner Größe, sondern schlicht und einfach: «...weil der Herr euch liebt» (Dtn 7,8).

Offenbarung wird aufgrund solcher Überlegungen als ein Dialog verstanden, in dem Gott gegenüber dem Menschen die Initiative ergriffen hat, um ihm Wesentliches über sich selbst, Gott, zu erschließen[30]. Das ist nicht als ein reiner Informationsprozeß zu verstehen, sondern vielmehr als der informative Anknüpfungspunkt für eine liebende Begegnung: Lernen zwei Menschen einander kennen, schafft auch hier der Informationsaustausch die Grundlage für das bessere Kennenlernen, er kann den Hintergrund für eine personale Beziehung bilden.

So auch hier: Gottes Zuwendung zum Menschen, seine Initiative hat das Ziel, zwischen ihm und dem

Menschen zu einer solchen personalen Beziehung zu führen. Deswegen läßt Gott den Menschen begreifen, erahnen vielleicht, wer er ist, vermittelt ihm die Gewißheit seiner Zuwendung und Liebe. In diesen Rahmen könnten wir einordnen, was im 1. Abschnitt über Gott gesagt wurde. In diesen (und noch anderen) Dimensionen hat er sich Israel gegenüber erschlossen, hat ihn Israel erfahren.

Beziehungen können nur lebendig bleiben, wenn sie sich gegenseitig entwickeln, wenn der Kontakt, die Kommunikation nicht abreißt, wenn sie von allen Beteiligten gepflegt werden. Bleibt daher die Initiative Gottes einseitig und unerwidert, ist sie notgedrungen dazu verurteilt, zu verkümmern[31]. So wie in jedem Gespräch, ist das erstgesprochene Wort auf Antwort ausgelegt, der Dialog erwartet die Reaktion des Gesprächspartners, die Beziehung sucht nach Erwiderung[32].

Diese Kommunikation kann um so umfassender und intensiver gestaltet werden, je ehrlicher sich die Beteiligten einbringen, je mehr sie von sich zu verstehen geben, je mehr sie tatsächlich sie selbst sind, sich also ihrem Wesen nach äußern.

Von Gott bezeugt die gesamte Bibel, daß er dies getan hat und tut. Dem jeweiligen Verstehenshorizont angepaßt, hat er sich dem Menschen der verschiedenen biblischen Epochen erschlossen, seine Zuwendung zum Menschen wurde jeweils kontextuell erfahren, in der Art und Weise also, wie es der Mensch in seinem je verschiedenen geschichtlichen Augenblick verstehen konnte. Deshalb gibt es eine sogenannte «Entwicklung im Gottesverständnis» im Kontext der biblischen Offenbarung und auch darüber hinaus[33].

Vom Kommunikationspartner Mensch wäre nun freilich das Gleiche zu erwarten. Will er dieses von Gott begonnene Gespräch weiterführen, so muß er sich auf sein Wesen besinnen und aus diesem heraus die Rede Gottes aufgreifen, weiterführen, erwidern, er muß sie ernst nehmen, sich zu eigen machen und aus dieser Haltung heraus «antworten», damit aus dem Angebot der Beziehung tatsächlich eine lebendige Beziehung werden kann.

Im Kontext der Bibel ist der Mensch nicht ohne Gott zu denken. So sind auch, als wir verschiedene Elemente des Gottesbildes nachgezeichnet haben, mehrere Merkmale des Menschenverständnisses deutlich geworden – zwar wohl keine umfassende Konzeption vom Menschen, aber immerhin soviel, daß wir jetzt darauf zurückgreifen können, um festzuhalten, welcher Bestimmung sich der Mensch in diesem Prozeß wohl bewußt sein muß. Dieser Gedanke ist nicht zufällig von Gott her gedacht, sondern auch dieser Weg des Überlegens entspricht der Überzeugung der Bibel. Der initiative Gott begegnet dem Menschen ja auch mit einer ganz konkreten Erwartungshaltung, die nicht losgelöst von seiner eigenen Identität zu betrachten ist, sondern in enger Verbindung mit dieser.

Wir können dies in einzelnen Schritten durchgehen:

– Dem Gott Jahwe begegnet der Mensch als einer, der die Proexistenz Gottes annimmt, sie als heilvoll begreift, die liebende Sorge Gottes um uns, eben sein Für-Sein, als positiv erfährt. Es ist nicht der autarke Mensch, der hier angesprochen ist, sondern jener, der sich seiner Verwiesenheit auf Gott bewußt ist.

– Dieser Mensch weiß um Würde und Verantwortung, Bundespartner Gottes zu sein, um das «Gott für uns» durch ein Sein «für Gott» zu erwidern. Er wird es also als seine Aufgabe ansehen, sich an der Proexistenz Gottes zu orientieren, um selbst proexistent, selbstlos, für andere, das heißt für Gott zu leben.

– Der Mensch tut dies, weil er grundsätzlich das ihm zuerkannte Geschenk der Gottesgemeinschaft, des *salom* Gottes, empfangen hat. Als einer, der selbst in ungestörtem Verhältnis zu Gott steht, wird er diese Atmosphäre des Friedens um sich herum verbreiten und vertiefen.

– Dieser Mensch weiß sich in Freiheit von Gott geliebt

und deshalb selbst frei. Aufgrund der ihm geschenkten Freiheit wird er selbst dazu beitragen, Freiheit für andere zu verwirklichen, Sklaverei und Unterdrückung jedweder Art zu überwinden und Menschen aus solchen Gebundenheiten herausführen.

– Der Mensch, der dem biblischen Gott begegnen möchte, begreift sich als ein personales Gegenüber Gottes, als einer, der die ihm geschenkte Ähnlichkeit mit seinem Schöpfer als Auftrag annimmt. Damit macht er Gott selbst zum Orientierungspunkt seines Handelns im Bemühen, die ihm von Gott zugedachte Identität im mit Gott geführten Dialog seines Lebens einzunehmen und dieser Identität gerecht zu werden.

Stimmen in der Kommunikation zwischen Mensch und Gott die wesensmäßigen Festlegungen überein, sind Gottesbild und Menschenbild also kongruent, so wird die Beziehung zwischen diesen Partnern, zwischen Gott und Mensch also, gelingen. Verläßt einer der Gesprächspartner seine Wesensbestimmung, ist dieser Dialog gestört. Während die biblischen Verfasser dies von Gott ausschließen, weil es zutiefst seinem Wesen widerspricht, wird solches Fehlverhalten dem Menschen, ja auch ganz Israel, des öfteren zugeschrieben. Mit diesem Problem müssen wir uns nun auseinandersetzen.

2.2. Schuld

Die Erfahrung des Menschen, daß er zwar das Gute tun will, aber das Böse tut, ist so alt wie menschliches Denken und Reflektieren. Der Vollzug und das Erleiden von Unrecht gehört zu den Grunderfahrungen der Menschheit. Vielfach stellt es den Menschen vor ein Rätsel, das er je nach geistigem Horizont zu lösen versucht, das uns aber stets neu aufgegeben bleibt. Die ebenfalls immer wiederkehrende Frage nach der Herkunft und dem Ursprung des Bösen ist damit eng verbunden.

Die Bibel versucht schon in ihren ältesten Traditionen, auf dieses Problem einzugehen. Auf den älteren Schöpfungsbericht folgt in der jahwistischen Schicht des Pentateuchs unmittelbar die Erzählung vom Sündenfall im Garten Eden (vgl. Gen 3). Damit wird begründet, daß sich der Mensch auch in der Folge in ungeheure Schuld verstrickt, wie die Geschichte von den Göttersöhnen und Menschentöchtern in Gen 6 zeigt. Selbst die große Flut vermag die Verfehlung der Menschen nicht zu überwinden, denn in Babel erfolgt erneut der Versuch, sich gegen Gott zu kehren. Die Zerstreuung der Völker und ihre verschiedenen Sprachen – ohne Zweifel bereits ein zwischenmenschliches Kommunikationsproblem – sind aus der Sicht des jahwistischen Verfassers die Folge dieses sündhaften Verhaltens[34].

So der Jahwist. Er stellt zwischen dem Apfelgenuß im Garten Eden und dem Turmbau zu Babel – beides verwerfliche Verhaltensweisen – eine bemerkenswerte Parallele her. Denn in beiden Fällen ist ein und dasselbe Handlungsmotiv erkennbar, wenngleich es in den Erzählungen verschieden eingekleidet ist: Der Mensch verkehrt sich gegen sein eigenes Wesen. Dies mag einmal dadurch geschehen, daß er der Einflüsterung von außen, Gott verbiete den Apfelgenuß aus Eifersucht auf seine Herrschaft, Gehör schenkt, in der Hoffnung, selbst neben Gott treten zu können (so Gen 3,5). Dies mag ein zweites Mal darin bestehen, daß die Menschen die Differenz zwischen sich und Gott auszugleichen suchen, indem sie sich anschicken, die Distanz zwischen Erde und Himmel durch einen Turm zu überwinden und damit – vor dem Hintergrund des antiken Weltbildes – Gott und Mensch auf eine Ebene stellen. In beiden Fällen vergißt der Mensch, wer er ist, er entfremdet sein eigenes Wesen und erliegt der Versuchung, selbst die Wesenszüge Gottes anzunehmen[35].

In der weit später erfolgten Redaktion des Buches Genesis tritt das Dilemma noch deutlicher zutage. Denn trotz der ausdrücklichen Feststellung, daß alles, was Gott geschaffen hatte, «gut» war, das Werk des sechsten Schöpfungstages – der Mensch mit eingeschlossen – sogar «sehr gut» (Gen 1,31), folgen doch sehr bald die Kapitel über Sündenfall und Verfehlung des Menschen. Schöpfung und Schuld sind einander dramatisch gegenübergestellt. Schuld wird auch im Zusammenhang der biblischen Schrift als der Versuch gedeutet, die Grenzen der Geschöpflichkeit zu sprengen.

Dieser Versuch, diese Versuchung begleitet den Menschen durch die Zeit. Die ihm geschenkte Freiheit ermöglicht es ihm als einzigem der Geschöpfe, seine Stellung in der Schöpfung Gottes, somit seine Identität in Frage zu stellen und mehr zu wollen. Was die christliche Theologie später mit einem verfehlten Begriff «Erbsünde» nennen wird, hat hier ihre Wurzel[36]. Es ist die Spannung zwischen der theoretischen Möglichkeit zum Nein gegenüber Gott und seiner Schöpfungsabsicht bezüglich des Menschen einerseits und deren praktischer Umsetzung in der Perversion dieser Ordnung andererseits. Kein Mensch, so besagt schon die alttestamentlich-biblische Lebenserfahrung, hat sich dem je konsequent entziehen können, und die neutestamentliche Überlieferung wird dem beipflichten, freilich mit dem Hinweis auf die entscheidende Ausnahme des einen, der «uns in allem gleichgeworden ist, außer der Sünde» (2 Kor 5,21): Jesus Christus.

Die Notwendigkeit für die Umkehr des Menschen liegt also grundsätzlich in dieser existentialen Spannung begründet, die jeder Mensch in seinem Leben erfährt. Denn dadurch, daß der Mensch seine Identität verkehrt, läßt sich der Kommunikationsprozeß zwischen Gott und Mensch nicht mehr aufrechterhalten, er wird empfindlich gestört. Die Beziehung zwischen Mensch und Gott beschränkt sich aber nicht individualistisch auf den einzelnen Menschen; die Qualität der gesamten Schöpfung wird dadurch beeinträchtigt oder gefördert[37]. Der Bru-

dermord des Kain ist dafür das erste negative Beispiel
(vgl. Gen 4,1–16). Die Störung des Dialogs zwischen
Gott und Mensch hat eine entsprechende zwischen-
menschlich-soziale Komponente.

Die Konkretisierungen dieser Problematik sind unendlich weitläufig – wie wir alle wissen. Wir können uns
mit dem Grundsätzlichen begnügen. Besonders dann ist
allerdings die vom Schöpfungsverständnis entwickelte
Ableitung noch um einen Aspekt zu erweitern: In der
Schuld des Menschen wird Gottes Grundhaltung deutlich. Die im Schöpfungsbericht bezüglich des einen Bau-
mes enthaltene Todesdrohung (Gen 2,17: «... sobald du
davon ißt, mußt du sterben») wird nicht verwirklicht,
sondern relativiert. Gott sorgt sogar für die aus seinem
Garten vertriebenen Menschen (vgl. Gen 3,21), und er
vollzieht an Kain keine Blutrache (vgl. Gen 4,15–16).
Auch später ist der Strafwille Gottes durchbrochen, da
er Noach mit dem gesamten Getier der Schöpfung vor
der Flut bewahrt und so den Bestand seiner Schöpfung
sichert. In die Abfolge von Schuld greift Gott immer
wieder berufend und rettend ein. Schon hier zeigt sich
der grundsätzliche Vergebungswille Gottes. Was im 1.
Abschnitt über das Gottesbild reflektiert wurde, wäre
hier nun erneut – gleichsam als ausgeweitetes Argument
– aufzugreifen. Dies wird unterlassen. Es gilt vielmehr,
vor diesem Hintergrund über Umkehr nachzudenken.

2.3. Umkehr

Aus dem bisher Gesagten wird deutlich, daß mit Umkehr grundsätzlich die Behebung eines Defizits angesprochen ist. Umkehr setzt zunächst die diesbezügliche
Einsicht voraus. Erst sie ermöglicht den Entschluß zur
Änderung.

Bleiben wir zunächst beim Begriff selbst: *Um*-kehr
beschreibt den Vorgang einer *Ab*-kehr, um eine neue *Zu*-

kehr zu ermöglichen. Diese Elemente sind miteinander zu verbinden. Denn es ist ja deutlich geworden: Ab-kehr vom Bösen allein, Absage an die begangene Schuld ist erst der erste Schritt. Wenn wir den gesamten Problemkreis im Kontext der Gottesbeziehung bedenken, so ist der zweite Schritt eine unerläßliche Konsequenz: Erneute Zu-kehr zu Gott[38].

Vor dem Hintergrund der bisherigen Überlegungen möchte ich Umkehr als *«kritische Besinnung auf die Identität des Menschen und seine Gotteskonformität»* beschreiben.

Darin kommt zunächst die Bereitschaft zum Ausdruck, aufgrund der angestellten Besinnung eine dauerhafte Änderung herbeizuführen (sonst wäre sie nicht kritisch). Zugleich ist der Orientierungsrahmen für diese Besinnung, ihr Paradigma gleichsam, angegeben. Es ist die Identität des Menschen, sein Wesen also. Aufgrund der biblischen Botschaft wird diese Identität des Menschen als Konformität mit Gott umschrieben, um so zum Ausdruck zu bringen, daß die Bestimmung des Menschen sich an der Bestimmung Gottes orientiert, wie schon ausgeführt wurde (siehe oben 1.).

Im Bild gesprochen: Umkehr ist die Neujustierung des Kompasses, die immer neue Ein-Nordung meines Lebens auf den Lebensentwurf, den Gott dem Menschen mitgegeben hat. Dabei werden Abweichungen festgestellt und korrigiert, um sie in Zukunft zu vermeiden, mit der Absicht, in Zukunft auf Kurs zu bleiben.

Umkehr ist auch das Bemühen, alle störenden Nebengeräusche im Gespräch zwischen Gott und Mensch aufzuspüren, sie zu beseitigen und dafür zu sorgen, daß die Leitung sauber bleibt.

Das Ermutigende bei diesem Prozeß ist die von den biblischen Verfassern bezeugte Gewißheit, daß Gott auf solche Neuanläufe seines Gesprächspartners Mensch wartet, daß er dafür bereit ist. Mit anderen Worten: Dem Menschen ist durch das Zeugnis der Bibel die

39

bange Frage abgenommen, ob bei seiner Umkehr noch
ein Gott wartet. Sonst wäre er nicht der Gott, der in den
Schriften der Bibel verkündet wird. Von den zahlreichen
diesbezüglichen Bildern und Metaphern, welche dem
Menschen diese Gewißheit nahebringen möchten, sei
eine der schönsten zitiert:

«Kann denn eine Frau ihr Kindlein vergessen,
eine Mutter ihren leiblichen Sohn?
Und selbst wenn sie ihn vergessen würde:
Ich vergesse dich nicht.
Sieh her: Ich habe dich eingezeichnet in meine Hände,
deine Mauern habe ich immer vor Augen. ...
Du wirst erkennen, daß ich der Herr bin
und daß keiner beschämt wird, der auf mich hofft.»
(Jes 49,15–16.24b)

Denn Gott will nicht den Tod des Sünders, sondern daß
er sich bekehre. Dies wollen wir noch weiter bedenken.

2.4. Gottes Absicht mit dem Menschen

Die Absicht Gottes mit dem umkehrwilligen Menschen
gehört zu den großen geschenkhaften Erfahrungen der
biblischen Menschen. Anders als die Götzen der umliegenden Völker, ist der Gott Jahwe kein rachsüchtiger
Gott, der in maßlosem Zorn gegen den Menschen vor-
geht, der sich an ihm versündigt. Dies wurde zuvor
bereits angedeutet. Selbst das Verhältnisrecht, das *ius*
talionis, wird nicht angewendet. Dem umkehrwilligen
Menschen steht der Weg zu Gott erneut offen, ja: Gott
erwartet ihn mit großer Geduld.

Anhand zweier alttestamentlicher Texte möchte ich
dieses Grundverhalten Gottes und seine Absicht mit dem
Menschen konkretisieren. Ich beginne bei der grundsätzlicheren Aussage und komme dann zur beispielhaften
Darlegung.

2.4.1. Gottes Heiligkeit.

Wir haben unsere Überlegungen mit einer Reflexion über das im Alten Testament vermittelte Gottesbild begonnen. Ausgangspunkt dabei war die Proexistenz Gottes, die in mehreren Aspekten erweitert werden konnte: Bund, *salom*, Befreiung, Schöpfung. Mit Ausnahme des letztgenannten Elements finden wir diese Aussagen bei keiner anderen Gottheit des Orients. Das heißt: Der Gott Israels, der Gott Jahwe ist ein anderer, ein andersartiger, ein einzigartiger Gott. Auch deshalb bekennt Israel: Er ist ein einziger.

Für diese Herausgehobenheit Gottes kennt das Semitische einen Begriff, den wir mit anderer Bedeutung füllen: *heilig*. Dies hat nicht in erster Linie oder gar ausschließlich etwas mit Vollkommenheit zu tun, sondern signalisiert vielmehr das Moment der Aussonderung und Abgrenzung, der besonderen Bestimmung und der Eigenart[39]. Dessen müssen wir uns bewußt sein, wenn wir uns nun einem kurzen Textabschnitt aus Lev zuwenden. Das große Gesetzeswerk von Lev 17-26 ist unter der Bezeichnung «Heiligkeitsgesetz» überliefert. Dies hat seinen Grund darin, daß der biblische Verfasser die Heiligkeit Gottes die folgende Begründung für die gesamte Weisung angibt:

«*Der Herr sprach zu Mose:*
Rede zur ganzen Gemeinde der Israeliten, und sag ihnen:
Seid heilig,
denn ich, der Herr, euer Gott, bin heilig.»
(Lev 19,1–2)

Dieses machtvolle Wort Gottes an Israel ist keine Exklusivforderung für einige wenige Idealisten, nein, der *ganzen Gemeinde Israel* ist dies als Weisung vorgelegt. Im Textzusammenhang bildet dieser Ruf Gottes den Kern des gesamten Gesetzeswerkes, in dem Israels kultisches, vor allem aber sein soziales Leben, sein Gemeinschaftsgefüge geregelt wird.

Die Heiligkeit Gottes bildet den Hintergrund dafür, daß auch Israel so sein soll wie Gott selbst: heilig[40]. Im Vordergrund steht dabei der Gedanke der Abgrenzung, der Aussonderung, des Anders-Seins und der Unterscheidung *um Gottes willen.* «Ich bin der Herr» – so lautet in der Folge die stereotype Begründung dafür, daß Israel den Sabbat halten, die Eltern achten, den Mitmenschen nicht übervorteilen, die Ehe nicht brechen, fremdes Gut respektieren soll usw. (vgl. Lev 19,3–18). Was Gott hier fordert, ist die Transparenz von Menschen, von menschlichem Handeln auf ihn, auf Gott selbst hin: *Anders* sein im Blick auf den *anders*artigen, den *einzig*artigen Gott, heilig also um der Heiligkeit Gottes willen.

Daß sich dies nicht mit Haß des Bruders verträgt, ergibt sich dann von selbst, und die Weisung zur Liebe des Nächsten (vgl. Lev 19,18) ist eine folgerichtige Weiterführung.

Der unbequeme Parameter – die Heiligkeit Gottes – scheint extrem zu fordern; von diesem heiligen Gott wird jedoch auch gesagt, daß er unendlich gibt, weil das Handlungsmotiv dieses anders-eigenartigen, eben dieses heiligen Gottes seine Liebe ist.

Das Wesen von Umkehr ist in diesem einen Satz der Bibel sehr konkret zusammengefaßt. Es bedeutet schließlich die immer neue Bereitschaft des Menschen, so zu sein, wie Gott selbst ist.

2.4.2. Gottes Langmut. Der Prophet Ezechiel beschäftigt sich in einem längeren Abschnitt in Ez 18 mit der Frage nach Schuld, Umkehr und Vergebung[41]. Zwei Themen werden dabei im Blick auf die Grundaussage des Verfassers erläutert[42]:

– Zunächst wird das Problem der Kollektivschuld aufgegriffen (Ez 18,1–20) und dabei jede Sippenhaftung zurückgewiesen. In diesem Abschnitt ist auch erkennbar, daß Schuld keineswegs verniedlicht wird. So wie der Gerechte am Leben bleiben wird (vgl. Ez 18,9), so muß der Sünder sterben (vgl. Ez 18,13). Das ist kein Widerspruch zum bisher Gesagten. Denn auch die Schuld selbst wird nicht verniedlicht, sondern mit den entsprechenden Konsequenzen belegt. Jedes andere Verhalten Gottes würde das Bemühen des Gerechten zunichte machen und das Böse in seiner Bedeutung relativieren.

– Im zweiten Teil des Textabschnittes (Ez 18,21–29) wird die Absicht des Verfassers deutlich. Seine Botschaft ist keine Drohbotschaft, sondern eine Ermutigung zur Umkehr. Erneut argumentiert der Prophet von zwei Seiten. So wie für den Schuldigen die Rettung möglich ist, wenn er von seiner Sünde abläßt (vgl. Ez 18,21), so gilt bei einem umgekehrten Sinneswandel für den einst Gerechten die Strafandrohung (vgl. Ez 18,24). Die Abfolge der Darstellung ist umgekehrt, zunächst ist vom bekehrungswilligen Sünder die Rede – was erneut auf den Akzent des Textes schließen läßt.

«Wenn der Schuldige sich von allen Sünden,
die er getan hat, abwendet,
auf alle meine Gesetze achtet
und nach Recht und Gerechtigkeit handelt,
dann wird er bestimmt am Leben bleiben und nicht sterben.»
(Ez 18,21)

Neben der Größe Gottes, eine Umkehr zuzulassen, sind im Text die Grundelemente von Umkehr erkennbar: Abkehr vom Bösen und Zukehr zu Gott, hier ausgedrückt in der Achtung seiner Weisung. Das Prinzip ist so bedeutsam, daß es der Verfasser nochmals wiederholt, im Positiven wie im Negativen (vgl. Ez 18,26–27).

Beide Abschnitte bilden den Überlegungshintergrund für die Quintessenz des Textes:

«Darum will ich euch richten, jeden nach seinem Verhalten,
ihr vom Haus Israel – Spruch Gottes, des Herrn. Kehrt um,
wendet euch ab von all euren Vergehen! Sie sollen für euch

nicht länger der Anlaß sein, in Sünde zu fallen. Werft alle Ver-
gehen von euch, die ihr verübt habt! Schafft euch ein neues
Herz und einen neuen Geist! Warum wollt ihr sterben, ihr vom
Haus Israel? Ich habe doch kein Gefallen am Tod dessen, der
sterben muß – Spruch Gottes, des Herrn. Kehrt um, damit ihr
am Leben bleibt.» (Ez 18,30–32)

Ziel der gesamten Darlegung des Propheten ist also die
Ermahnung und die Ermutigung zur Umkehr. Allen, die
allenfalls daran zweifeln, wird die Absicht Gottes zur
Vergebung versichert. Der Umkehrruf rahmt den Text-
abschnitt. Er wird mit der Widersinnigkeit jedes anderen
Verhaltens Gottes begründet:

«Ich habe doch kein Gefallen am Tod dessen, der sterben
muß» (Ez 18,32)

Gott selbst ermutigt zur Umkehr. Alles andere würde
seiner Identität widersprechen.

2.4.3. *Vergebung.* In der biblischen Gebetsliteratur ist
das Vertrauen auf einen vergebenden Gott mehrfach
nachzuweisen[43]. Stellvertretend für zahlreiche entsprechende Texte möchte ich auf Ps 130 eingehen. Dieses
Klagelied ist das ergreifende Gebet eines Menschen in
höchster Not. Die Wortwahl läßt vermuten, daß es sich
um die Last von Schuld handelt, die den betenden Menschen bedrückt:

«¹ Aus der Tiefe rufe ich, Herr, zu dir:
 ² Herr, höre meine Stimme!
  Wende dein Ohr mir zu,
  achte auf mein lautes Flehen!
 ³ Würdest du, Herr, unsere Sünden beachten,
  Herr, wer könnte bestehen?
 ⁴ Doch bei dir ist Vergebung,
  damit man in Ehrfurcht dir dient.

⁵ *Ich hoffe auf den Herrn,*
es hofft meine Seele,
ich warte voll Vertrauen auf sein Wort.
⁶ *Meine Seele wartet auf den Herrn*
mehr als die Wächter auf den Morgen.
Mehr als die Wächter auf den Morgen
⁷ *soll Israel harren auf den Herrn.*
Denn beim Herrn ist die Huld,
bei ihm ist Erlösung in Fülle.
⁸ *Ja, er wird Israel erlösen von all seinen Sünden.»*

Schon das Faktum dieses Psalms und dieses Gebets ist bemerkenswert. Es läßt erkennen, daß der Beter in seiner Schuld nicht die Rache der Gottheit flieht, sondern das Vertrauen aufbringt, um Vergebung zu bitten. Diese Haltung setzt jenes Gottesbild voraus, das hier bereits entfaltet werden konnte.

Der Psalm orientiert sich an der Struktur der Klagelieder[44], bringt also zunächst die eigene Not vor Gott, um sodann in hoffnungsvolle, das Lob Gottes einschließende Bitte weiterzuführen (hier: Ps 130,1–4.5–8).

Die Klage erschließt die Not des Beters[45], die metaphorisch mit der Tiefe eines Abgrunds ausgedrückt wird. Darin erkennt sich der Betende gleichsam gefangen. Das verwendete Bild vermittelt einen Eindruck über das Verständnis von Schuld. Der Betroffene weiß sich darin so gefangen wie ein Mensch, der in die Tiefe gestürzt ist. Hilfe, Rettung kann nur von außen kommen. In dieser Situation erfährt der Mensch nachdrücklich und schmerzlich zugleich, daß er nicht autark ist.

Das laute Rufen ergänzt das Bild, verbunden mit der Hoffnung, daß Gott hört und nicht abgewendet ist. Diese Hoffnung ist jedoch mehr als bloß ein wenig Zuversicht. Wäre nicht dieses Vertrauen auf den Gott, der vergebend handelt – jedes Rufen könnte sich erübrigen. Aber weil Gott Vergebung übt, weil seine Aufmerksamkeit dem Ruf aus der Bereitschaft zur Umkehr gilt anstatt den Sünden, deswegen hat der Mensch eine

Chance, kann er «bestehen». Die Folge solchen Verhaltens Gottes ist die entsprechende Reaktion des Menschen. Er weiß sich Gott gegenüber verpflichtet, weiß auch um die Größe Gottes, die er in dessen Offenheit für Vergebung erfährt. Darin erkennt der, der umkehrt, seine Position gegenüber Gott. Sie ist von Ehrfurcht bestimmt.

Der zweite Abschnitt des Psalms verdichtet die bereits angedeutete Zuversicht des Betenden. Seine begründete Hoffnung führt ihn aus der Not. Sie ist nicht von Bangen begleitet, sondern vom sicheren Wissen um die Hilfe Gottes. Erneut erschließt das Bild den Text: Nicht das Kommen des Morgenrots ist für den Wächter fraglich, sondern lediglich der Zeitpunkt. So auch für den Betenden. Erlösung und Vergebung werden als sicheres Verhalten Gottes angenommen, dem mit Geduld entgegenzusehen ist[46]. Der Abschlußvers bekräftigt diese Haltung, in dem er die Zuversicht des Betenden gleichsam proklamiert: «Ja, er wird Israel erlösen von all seinen Sünden» (Ps 130,8).

Wer so betet, muß ein klares und eindeutiges Bild von seinem Gott haben.[47] –

Damit aber schließt sich der Kreis der bisherigen Überlegungen. Es ist deutlich geworden, wie sehr Schuld- und Vergebungsverständnis vom Gottesbild abhängen und wie sehr von diesem auch wieder das Denken über den Menschen bestimmt ist. Der Blick ist vielfach auf eine Weiterführung offengeblieben, teilweise wurde sie auch angedeutet. Dem sollen die folgenden Abschnitte gewidmet sein.

3. Die Einladung Jesu zur Umkehr als Einladung zur Gottesgemeinschaft

Das erste von Jesus überlieferte Wort in den synoptischen Evangelien ist der Ruf zur Umkehr (Mk 1,14–15 par Mt 4,17; für Lukas gilt dies sinngemäß: vgl. Lk 4,16–21). Damit ist seine Verkündigungstätigkeit unter eine bestimmte Perspektive gestellt, die dem jüdischen Menschen in seinem Umfeld helfen konnte, die Verkündigung Jesu in Wort und Tun einzuordnen.

Dies gilt einmal hinsichtlich der dem Menschen damals vorliegenden israelitisch-jüdischen Tradition. Das Thema Umkehr war in der alttestamentlichen Prophetenpredigt vermutlich um Vieles häufiger, als uns dies schriftlich belegt ist, so daß sich in dieser Thematik der Verkündigung eine gewisse Kontinuität zur prophetischen Tradition erwies. Diese Kontinuität war zum anderen direkt zur Verkündigung des Täufers ablesbar. Dessen Anliegen war es ja gewesen, «Umkehr und Taufe zur Vergebung der Sünden» zu verkündigen (Lk 3,3). Die neutestamentliche Tradition sieht darin ebenfalls eine Entsprechung zur Absicht der Propheten, wie die kontinuierliche Bezugsetzung zu Jes 40,3–5 deutlich zeigt.

Ohne Zweifel ist also das Moment der Verkündigungskontinuität festzuhalten. Sie spiegelt vermutlich auch die historischen Gegebenheiten richtig wieder, ist doch die Nähe Jesu zum Täufer, auch was seine Verkündigung anbelangte, weithin unbestritten[48].

Der Umkehrruf Jesu enthält allerdings ein zweites Element, das vermutlich genuin auf Jesus zurückzuführen ist und ein besonderes Merkmal seiner Verkündigung darstellt: den Hinweis auf die anbrechende Gottesherrschaft. Zwar begegnet der zweigliedrige Satz zumindest in der Überlieferung des MtEv auch in der Täuferverkündigung (Mt 3,2 und Mt 4,17 sind dem Wortlaut nach identisch), gehört aber doch wohl kaum zur ursprünglichen Verkündigung des Täufers[49]. Selbst wenn man dies annehmen wollte, bliebe für das Wirken Jesu ein besonderes Merkmal erhalten, nämlich die Rückbindung dieser Anbruchssituation der Gottesherrschaft an seine, Jesu Person und Wirken selbst.

Schon diese Hinweise zeigen, daß der Umkehrruf Mk 1,14–15 und die darin ausgesprochene Thematik für das Wirken Jesu von besonderer Bedeutung ist. Aus diesem Grund sollen die folgenden Überlegungen auch bei einer Durchsicht dieses Spruches ansetzen (3.1.). Vor diesem Hintergrund wird weiter nach diesbezüglichen Akzenten im Wirken Jesu gefragt (3.2.). Beispielhaft kann Jesu Grundverständnis zum vorliegenden Thema sodann an einem Textabschnitt aus der Gleichnisüberlieferung erläutert werden (3.3.).

3.1. Umkehr und Gottesherrschaft

Nach dem Verständnis des MkEv eröffnet Jesus sein öffentliches Wirken mit einem programmatischen Spruch, der einer Zusammenfassung seiner Botschaft entspricht:

«Nach dem Ausgeliefert-Werden des Johannes aber
kam Jesus nach Galiläa,
verkündigend das Evangelium Gottes und sagend:
Erfüllt ist die Zeit,
und nahegekommen ist die Königsherrschaft Gottes.
Kehrt um, und glaubt an das Evangelium.»
(Mk 1,1–15)

3.1.1. Für das *Verständnis* ist zunächst die Wertung sowie der Aufbau des Spruches[50] zu beachten: Das Wort Jesu wird als «Evangelium Gottes» bezeichnet. Damit wird angedeutet: Es handelt sich nicht um eine beliebige, sondern um eine äußerst bedeutungsvolle Aussage Jesu, um ein *eu-angelion*, also um eine gute, frohe/freudige Botschaft. Schon eingangs seiner Schrift hat der Verfasser seine Verkündigung als das «Evangelium von Jesus Christus, dem Sohn Gottes» (Mk 1,1) umschrieben. Damit sind Absicht und Bedeutung der Niederschrift umrissen. Dieses Evangelium von Jesus Christus wird nun Mk 1,14 als eine Botschaft bezeichnet, die auf Gott zurückzuführen ist – eben als ein Evangelium Gottes. Das heißt: Mit dieser Botschaft hat Gott selbst etwas zu tun, hier ist er entscheidend beteiligt, in diesem von Jesus verkündigten Evangelium wirkt Gott selbst[51]. Unter diesem Gesichtspunkt ist sodann die Aussage von Mk 1,15 zu lesen.

Das Wort Jesu hat eine klare Struktur: Zunächst werden zwei Feststellungen (in indikativischer Form) ausgesprochen und aneinandergereiht. Daran schließen sich als Konsequenz zwei Imperative. Die konstatierenden Aussagen Jesu leiten also zu konkreten Forderungen an die Hörerinnen und Hörer bzw. an die Leserinnen und Leser über.

Die erste Aussage spricht davon, daß eine «Zeit», eine gewisse Epoche also, zur Fülle gekommen ist. In der Person und im Wirken Jesu erfüllt sich die Bundestreue Gottes, die in den Schriften des Alten Testament in vielfältiger Weise bezeugt wird. Gott erweist sich in Jesus tatsächlich als ein «Gott mit uns» (Mt 1,23), als ein väterlicher Gott, der auch als Vater anzusprechen ist (vgl. Mt 6,9, bes. Röm 8,15 und Gal 4,6)[52].

Dieses Mit-Sein Gottes wird vielfach und immer wieder dem Menschen zugesagt (vgl. Hebr 1,1–2). Die Epoche des Mit-Seins Gottes in seinem Wort ist nun vollendet, sie ist zu einer Fülle gelangt: Etwas Neues bricht an. In der Person Jesu ereignet sich eine neue Phase des Mit-Seins Gottes: Gott sagt nicht sein Wort zu, sondern er personifiziert diese zusagende Botschaft. Jesus bezeugt nicht nur Gottes Nähe und Zuwendung, sondern er setzt sie selbst in seiner Person gegenwärtig. In seinem Wirken ist dieses Mit-Sein Gottes lebendig, wird es personifiziert. So erweist es sich als endgültig, als unüberbietbar konkret und wirkmächtig. Deshalb ist auch von der Nähe der Gottesherrschaft die Rede. In Jesu Wirken wird Gottes Heilswille neue, erfahrbare Wirklichkeit.

3.1.2. Aufgrund dieser Aussagen Jesu ergibt sich als erste **Konsequenz** *der Ruf zur Umkehr.* Umkehr besteht in einer grundsätzlichen Ausrichtung und Bestimmung der eigenen Existenz, nicht mehr das zu denken und zu tun, «was Menschen wollen», sondern das, «was Gott will» (Mk 8,33b)[53].

Diese Grundhaltung ist Voraussetzung für Glauben. Im vorliegenden Text ist damit die vertrauensvolle Annahme der Botschaft gemeint. Es geht um das Ernstnehmen eben dieser Personifizierung der Liebe Gottes in Jesus von Nazaret. Diese Grundhaltung ist – wie sich noch zeigen wird – eine unabdingbare Voraussetzung, die der Mensch gegenüber dem Wirken Jesu aufbringen muß (vgl. dazu z.B. Mk 6,5–6a).

In Mk 1,14–15 ist in zusammengefaßter Form das Programm des Wirkens Jesu enthalten. Zugleich zeigt dieser Spruch den Blickwinkel, unter dem der Verfasser des MkEv die Verkündigung Jesu darstellen wird. Im MtEv und im LkEv finden wir – mit gewissen Änderungen – den gleichen Entwurf (vgl. Mt 4,1–17; Lk 4,14–15.16–30)[54]. Lediglich der Verfasser des JohEv kleidet die Botschaft Jesu bei vergleichbarer inhaltlicher Akzentsetzung (vgl. Joh 3,16–18) in eine andere Begrifflichkeit. Davon wird noch die Rede sein (siehe dazu unten 3.2.7.).

Die kurze Analyse zeigt: Angesichts der bevorstehenden Zeit des Heils – um anbrechende Gottesherrschaft in dieser Weise zu umschreiben – ist die Umkehr des Menschen ein Gebot der Stunde. Dann wäre aber wohl noch genauer zu fragen, was mit dieser «anbrechenden Gottesherrschaft» ausgedrückt sein will.

3.1.3. Das Verständnis Jesu von der Gottesherrschaft

geht auf die jüdisch-alttestamentliche Deutung dieses Begriffs zurück. Das zugrundeliegende griechische, zuvor das hebräische Wort bedeutet Königtum, Königswürde, Königsherrschaft[55]. Damit wird die erstmals von Saul in dieser Form ausgeübte politische Herrschaft über Israel umschrieben. Trotz der Einführung des Königtums bleibt unbestritten, daß die Königswürde im vollen Sinn des Wortes einzig und allein Gott zusteht. Nach dem Zerfall der politischen Königsherrschaft über Israel (722 v.Chr.) und Juda (586 v.Chr.) gerät das Denken über die Königsherrschaft in eine Krise. Den Propheten gelingt es, auf der Grundlage des Bundesgedankens und der Schöpfungstheologie eine in die Zukunft weisende Neuorientierung herbeizuführen: Gott wird seine Herrschaft wieder aufrichten, und sie wird ewig Bestand haben[56].

An diesem Grundgedanken, dessen Wirkgeschichte sich durch die jüngeren Schriften des Alten Testaments sowie durch die Schriften des Frühjudentums bis zur Zeit Jesu nachvollziehen läßt, kann Jesus von Nazaret anknüpfen[57]. Wenn Gott seine Herrschaft als Bundesgott realisieren wird, bedeutet dies eine Konkretisierung von Bund, heißt also letztlich: «Gott für euch» in Verbindung mit der Person Jesu. Die Ausdrucksweise des vierten Evangelisten weist den Weg zum weiteren Verständnis: Er vermeidet den Begriff «Gottesherrschaft» weitestgehend und spricht statt dessen von der Liebe Gottes (vgl. bes. Joh 3,16–17).

Es geht also zunächst um die Konkretisierung alttestamentlicher Vorstellungen. Die Art, wie sich Gott Israel zugesagt hat, wird in der Person Jesu von Nazaret verdichtet, ja personalisiert. Dies gilt für die Proexistenz Gottes, der das Heil des Menschen will, ebenso wie für seine Ausrichtung auf *salom*, Befreiung und Leben[58].

Daß in dieser Situation, in diesem heilsgeschichtlichen Augenblick eine Neuorientierung des Menschen gefordert wird, ist theologisch unerläßlich. Dabei ist allerdings zu beachten: Der Ruf gilt nicht den Gerechten und Selbstgerechten, sondern jenen Menschen, die bereit sind, sich auf diesen Gott, auf sein Angebot einzulassen, seien sie größere oder kleinere Sünder. Gottesherrschaft leistet nicht der Versuchung Vorschub, Eliten heranzuziehen: Weil hinter ihr ein liebender Gott steht, bleibt auch hier die Offenheit für alle erhalten.

Schon die Verkündigung des Täufers weist diesen Weg, der sich von der offiziellen jüdischen Religionspraxis abhebt. Es ist bezeichnend, daß Lukas darauf verzichtet, die Repräsentanten des religiösen Judentums in Reaktion auf die Täuferpredigt zu Wort kommen zu lassen. Statt dessen fragt das zuhörende Volk: «Was sollen wir tun?» (Lk 3,10), und gleichsam exemplarisch treten mit der zweiten Frage zwei soziologische Gruppierungen auf, die man nach offizieller Lehrmeinung wohl lieber nicht genannt hätte: die Zöllner und die Soldaten (vgl. Lk 3,12–14) – Menschen also, die nach vorherrschender Meinung schon ihres Berufs wegen unrein und sündig sein mußten[59]. Aber gerade ihnen gilt die Umkehrpredigt: zunächst jene des Täufers, sodann jene Jesu.

Wer also dieser Botschaft von der mit Jesus anbrechenden Gottesherrschaft Glauben schenkt, muß bereit sein, umzukehren. Wie dies im Kontext des Wirkens Jesu aussehen kann, dem soll nun weiter nachgegangen werden.

3.2. Umkehr und Vergebung im Wirken Jesu

Das gesamte Wirken Jesu von Nazaret ist darauf ausgerichtet, Menschen zu Gott zu führen, ihnen also den *salom* Gottes zu vermitteln. In diesem Zusammenhang ist nochmals an die Deutung des Lukas zu erinnern, die er bereits mit der Geburtserzählung verbindet: Die Menschwerdung Jesu ist Ausdruck dafür, daß Menschen in der Huld Gottes stehen und demnach an seinem *salom* teilhaben (vgl. Lk 2,14; siehe dazu oben 1.2.2.).

3.2.1. Die Schaffung des Zwölferkreises als prophetische Zeichenhandlung, welche die Sammlung ganz Israels anzeigen soll (vgl. Mk 3,14), ist ebenso Ausdruck der Absicht Jesu zur Realisierung der Gottesherrschaft wie sein Bestreben, in der Verkündigung seiner Botschaft *offen für alle Menschen* zu sein.

Selbst dort, wo dies über die Erwartungshaltung der Menschen hinausgeht, vermittelt und effektuiert Jesus seine Botschaft. Dem Gelähmten, der durch das Dach vor Jesus gebracht wird, spricht er nicht Heilung seiner Krankheit zu, sondern die Wegnahme seiner Sünden (vgl. Mk 2,5). Erst aufgrund der verblüfften Pharisäer und Schriftgelehrten, die über dieses Wort Jesu bestürzt sind, folgt auch die Heilung des Mannes von seiner leiblichen Krankheit (vgl. Mk 2,6–12)[60].

In der unmittelbar anschließend erzählten Episode ist die Grundhaltung Jesu ablesbar: Beim Mahl zu Ehren Jesu im Haus des soeben berufenen Zöllners Levi sind nicht nur Vollkommene und Gerechte zu Gast geladen, sondern auch, ja vornehmlich «Zöllner und Sünder» (vgl. Mk 2,15). Die kritischen Einwände der Schriftgelehrten und Pharisäer gegenüber seinen Jüngern quittiert Jesus mit einem Weisheitsspruch, den er auf sein eigenes Handeln erweitert: So wie die Kranken und nicht die Gesunden den Arzt brauchen, so verhält es sich mit seiner Sendung: Sie gilt den Sündern, nicht den Gerechten, jenen Menschen also, die um ihre Fragilität und Unvollkommenheit vor Gott wissen (vgl. Mk 2,17)[61].

3.2.2. Die Botschaft Jesu gilt **nicht den** *Selbstgerechten*. Lukas entwickelt in der Nazaret-Perikope, welche das Wirken Jesu eröffnet (vgl. Lk 4,16–30), das Selbstverständnis Jesu, die Botschaft des Evangeliums den «Armen» zu bringen. Damit sind nicht nur die Armen im üblichen wörtlichen Sinn angesprochen[62], sondern auch und vor allem jene, die sich vor Gott arm, klein wissen; jene, denen ihre Niedrigkeit angesichts der

Größe Gottes bewußt ist und die sich daher als Sklaven bezeichnen können – wie dies beim gleichen Evangelisten in der Antwort Marias an Gabriel und sodann im Magnificat nachzulesen ist (vgl. Lk 1,38.48). Diesen Armen, den *anawim*, gilt die Botschaft Jesu, sein Angebot und seine Einladung, umzukehren.

Das Gleichnis vom Zöllner und vom Sünder (Lk 18,9–14) ist in diesem Zusammenhang äußerst illustrativ, gibt es doch ein anschauliches Beispiel dafür, was das heißt: Menschsein vor Gott. Es wird bekanntlich jenem zugesprochen, der in den Augen der Menschen sündig ist. Aber er selbst weiß darum, und er bittet um Vergebung, ohne mit Gott im Hinblick auf seine möglichen Verdienste zu rechten: «Herr, sei mir Sünder gnädig» (Lk 18,13).

Mit feiner Ironie wird den Selbstgerechten der Spiegel vorgehalten. Wer einen Balken im eigenen Auge hat, kann einen Splitter im Auge des anderen beim besten Willen nicht erblicken, vor allem nicht dann, wenn er sich seines Balkens bewußt ist – so lautet die Quintessenz der Anweisung Jesu, das Richten doch Gott zu überlassen (vgl. Mt 7,1–5).

3.2.3. Die Botschaft Jesu setzt *Umkehrbereitschaft* voraus. Wer diese Haltung aufbringt, den entreißt Jesus seinem Unheil und setzt ihn in das Heil Gottes. Die sogenannte sündige Frau wird im Haus des Pharisäers Simon von ihren Sünden geheilt, weil sie viel geliebt hat, und sie wird im *salom* Gottes, in Gemeinschaft mit Gott also, entlassen (vgl. Lk 7,36–50)[63]. Gerade diese Episode zeigt deutlich, daß das gesamte Wirken Jesu darauf abzielt, Menschen zum Weg in diese Gottesgemeinschaft zu bewegen.

Dies gilt auch und gerade dort, wo dies auf spektakuläre Weise geschieht: Mit seinem Wunderwirken hat Jesus nicht in erster Linie die Absicht, leibliche Krankheiten zu heilen, sondern Unheil in jeder Form vom Menschen zu nehmen. Der Zuspruch «Dein Glaube hat dir Heil gebracht. Geh in Frieden» begegnet mehrfach in diesem Zusammenhang (vgl. z.B. Mk 5,34; 10,52; Lk 7,50; 17,19; ähnlich Lk 8,50).

Wohl zur Verwunderung der umstehenden Menschen bezieht Jesus in Jericho bei einem Steuerpächter Quartier. Die Umkehr dieses Mannes ist Ausdruck des Heils, das in der Person Jesu der Familie des Zachäus begegnet ist (vgl. Lk 19,1–10).

Krankheit, Schuld, Unglaube verlieren ihre präzisen Konturen, wie z.B. bei der Erzählung von der Loslösung der gekrümmten Frau (vgl. Lk 13,10–17), deren Leiden als eine Fesselung durch Satan charakterisiert wird (Lk 13,16), oder bei der Heilung des Blindgeborenen, der im Gegensatz zu den Pharisäern in erster Linie von der Blindheit des Unglaubens geheilt wird (vgl. Joh 9,1–41)[64].

3.2.4. Für Umkehr ist es *nie zu spät.* Das von Lukas erzählte Zwiegespräch der beiden mit Jesus gekreuzigten Schächer am Kreuz stellt exemplarisch den umkehrbereiten und den nicht umkehrwilligen Menschen einander gegenüber: Der eine, der selbst in der Todesstunde noch lästert, weil das erwartete Mirakel nicht eintrifft; der andere, der gerade diese Stunde nützt, um umzukehren. Die Botschaft Jesu lautet: Es ist nie zu spät, deswegen wird «heute noch» diese Umkehr zur Gottesgemeinschaft führen (vgl. Lk 23,39–43).

3.2.5. Im Umkehrgeschehen ist der Mensch ein *Empfangender, zugleich immer ein Gebender.* Er ist eingeladen, an seinen Mitmenschen so zu tun, wie er es heilvoll von Gott her an sich erfährt.

Sowohl die entsprechende Vaterunserbitte (vgl. Mt 6,12; Lk 11,4) als auch das Gleichnis vom umbarmherzigen Knecht (vgl. Mt 18,23–35) ermahnen mit Nachdruck dazu, Gottes Offenheit nicht einseitig nur in Anspruch zu nehmen. Gerade das genannte Gleichnis unterstreicht die unterschiedlichen Dimensionen von Schuld, um die es gehen kann: 10'000 Talente stehen da gegen 100 Denare[65]. Das Gleichnis zeigt zugleich, in welch unvergleichbarem Ausmaß der Mensch gegenüber Gott schuldig werden kann...

3.2.6. Umkehr bedeutet *nicht ein Bekenntnis im Wort, sondern im Tun.* Die Kritik an solch vordergründigem Verhalten wird von Jesus mehrfach vorgebracht. Sie gilt den Schriftgelehrten und den Pharisäern, an deren Worten, nicht aber an deren Taten man sich orientieren kann, weil sie «übertünchten Gräbern» gleichen (vgl. Mt 23,3.27–28); sie gilt mit dem Wort des Propheten dem ganzen Volk, das Gott zwar mit den Lippen ehrt, «sein Herz aber ist fern von mir» (Mk 7,6; vgl. Jes 29,13).

Umkehr bedarf der «Früchte, welche die Umkehr zeigen» – so schon der Täufer (Lk 3,8). Diese Forderung ist so ernst, daß sie in der Bergpredigt mit einem Gerichtswort belegt wird:

«Nicht jeder, der zu mir sagt: Herr, Herr,
wird in die Herrschaft der Himmel eingehen,
sondern wer den Willen meines Vaters tut.
Viele werden an jenem Tage sagen: Herr, Herr,
haben wir nicht in deinem Namen prophetisch geredet,
und haben wir nicht in deinem Namen Dämonen ausgetrieben,
und haben wir nicht in deinem Namen Machttaten vollbracht?
Und dann werde ich ihnen bekennen: Ich kenne euch nicht!
Weicht von mir, ihr, die ihr die Gesetzlosigkeit tut.»
(Mt 7,21–23)

Es geht also auch nicht einfach um den Vollzug von Taten, wie es auch nicht um ein bloßes Sprechen von Worten geht. Daß in der Verkündigung Jesu zahlreiche Gerichtsbilder ihren bedeutsamen Platz haben[66], darf nicht übersehen werden. Die Vorstellung von einem gerechten Gott, der belohnt und bestraft, prägt das zeitgenössische Denken im Umfeld Jesu. Dies verdeutlicht, daß das Gesamtverhalten des Menschen nicht ohne Bedeutung für seine Zukunft bleibt. Wo sich der Mensch auf diese Bedeutung seines Denkens und Handelns neu besinnt, geschieht Umkehr und ist sie möglich. Umkehr hat eine Tiefenstruktur, sie sucht nach dem Willen Gottes. Das Stichwort «Gotteskonformität» begegnet hier in anderem Gewande wieder.

3.2.7. Deshalb hat Umkehr wesentlich mit *Glauben an Jesus Christus* zu tun. «Glaubt an das Evangelium» – so überliefert Markus die erste Jesusrede (Mk 1,15). Noch grundsätzlicher formuliert es der Verfasser des JohEv. Für ihn steht weniger der detailethische Gesichtspunkt von Umkehr im Vordergrund, sondern der umfassend ganzheitliche:

«So hat Gott die Welt geliebt, daß er seinen einzigen Sohn gab,
damit jeder, der an ihn glaubt, nicht verlorengeht,
sondern ewiges Leben habe...
Wer an ihn glaubt, wird nicht gerichtet.
Wer nicht glaubt, ist schon gerichtet,
weil er an den Namen des einziggeborenen Sohnes Gottes
nicht geglaubt hat.»
(Joh 3,16.18)

Umkehren bedeutet für den Evangelisten, zum Glauben an Jesus Christus kommen. «... damit ihr zum Glauben kommt, daß Jesus der Christus, der Sohn Gottes ist, und daß ihr glaubend Leben habt in seinem Namen»: Damit begründet der Verfasser seine Evangelienschrift (Joh 20,31). Halten wir uns die johanneische Christologie vor Augen, wird die Tragweite dieser Aussage erkennbar: Umkehr und Nachfolge stehen in unmittelbarer Beziehung zueinander, Umkehr bedingt personale Christusorientierung. Was dem glaubenden Menschen aufgegeben wird, ist der Maßstab Jesu: «... wie ich» oder «wie ich euch» – so lautet die Grundformel des JohEv[67].

3.2.8. Damit ist etwas unverhüllter gesagt, was im Spruch von der Gottesherrschaft bei Mk anklingt: Umkehr hat im Neuen Testament immer eine *christozentrische Dimension.* Sie orientiert sich am Beispiel Jesu und ist rückgebunden an jene Vollmacht, die er als Ausdruck seiner Sendung von Gott her ausübt. Damit ist auch angedeutet, daß die christozentrische Rückbindung keinesfalls einen Gegensatz zur Gottbezogenheit beinhaltet, sondern jene lediglich erweitert. Gerade aber in diesem Bereich bewahrheitet sich die Grundbotschaft der neutestamentlichen Verkündigung, daß Gott das Heil für die Menschen in Jesus Christus aufgerichtet hat (vgl. Apg 2,36)[68].

Nochmals ist nun in diesem Zusammenhang die Nazaret-Perikope des Lukas zu zitieren: Jesu Sendung hat es demnach zum Ziel, «ein Erlaßjahr des Herrn auszurufen» (Lk 4,19). Gemäß den Vorschriften von Lev 25,8–12 gilt jedes siebte Sabbatjahr, also jedes 49. Jahr, als ein Jahr der Freilassung der aufgrund ihrer Schulden versklavten Menschen. Dabei ist es unerheblich, ob diese Praxis tatsächlich gehalten oder das Jobeljahr zunehmend eschatologisiert worden ist. Entscheidend ist, daß sich Jesus beauftragt fühlt, im Namen Gottes ein solches endgültiges Jobeljahr auszurufen, um damit dem freien Heilsangebot Gottes Nachdruck zu verleihen[69]. Sein gesamtes Wirken ist als eine Einladung an alle Menschen zu verstehen, im Hinblick auf die bevorstehende Zeitenwende und die mit seiner Person verknüpfte Fülle von Gottes Heilsangebot dieses zu ergreifen, also: sich auf die eigene «Armut» zu besinnen und umzukehren.

Der ungeahnten Heilsdimension, die in diesem Zusammenhang das Verhalten Gottes annehmen kann, soll anhand eines Beispiels nachgegangen werden.

3.3. Die verlorenen Söhne und der langmütige Vater

Das Gleichnis von dem Vater, der zwei Söhne hat, vermittelt in exemplarischer Weise die Botschaft Jesu zur Frage von Umkehr und Chance auf Neubeginn[70].

3.3.1. Den ersten entscheidenden Schlüssel für das Verständnis bietet der *Kontext:* Lukas deutet eine Mahlsituation an, die Jesus zum Vorwurf gemacht wird. Die Mahlgemeinschaft entspricht nicht den Vorstellungen der guten Sitte, schon gar nicht den religiösen Vorstellungen, denn es handelt sich um sogenannte «Zöllner und Sünder». Schon die Pauschalierung von Menschen und Menschengruppen paßt nicht zum Verhalten Jesu. Für ihn zählt nicht die Gruppenzugehörigkeit, sondern der einzelne Mensch. Von diesen Zöllnern und Sündern wird eine bedeutsame Handlungsmotivation ausgesagt: Sie kommen, «um ihn zu hören». Dies entspricht der Absicht des ganzen Volkes, das Jesus am See umdrängt (vgl. Lk 5,1), sowie dem Motiv jener großen Volksmenge, die sich zur Rede am Fuße des Berges versammelt (vgl. Lk 6,18). Ein solches Interesse wird den Pharisäern und Schriftgelehrten nicht zugeschrieben. Sie kritisieren lediglich.

Jesus, so ist aus dieser Kritik indirekt zu erfahren, hält mit der inkriminierten Gruppe Mahlgemeinschaft. Das bedeutet, daß er diese Menschen grundsätzlich für gemeinschaftsfähig hält, keine Berührungsängste hat, sie voll annimmt. Wir können uns dazu in Erinnerung rufen, daß das Mahl im alten Orient, auch in Palästina, vor allem den Charakter der Gemeinschaftsbildung und -pflege hatte. Überdies ist im Hinblick auf das Gleichnis zu beachten, daß die biblischen Verfasser gerne vom Mahl im Sinne eines Bildes von der gefeierten Gemeinschaft mit Gott sprechen.

Auf die geäußerte Kritik an seinem Verhalten antwortet Jesus mit den drei Gleichnissen vom Verlorenen. Beim Gleichnis vom Schaf (vgl. Lk 15,3–7) und von der Drachme (vgl. Lk 15,8–10) lautet jeweils der Grundtenor, daß Freude über das verlorene und wiedergefundene Gut angebracht ist und daß alle Umstehenden aufgefordert sind, sich mitzufreuen[71]. Eine Reaktion dieser angesprochenen Umstehenden wird allerdings nicht überliefert. Im dritten erzählten Gleichnis wird der Erzählrahmen ausgeweitet. Aus den Umstehenden wird ein eigenständiger Akteur der Erzählung:

3.3.2. Denn der Mann hatte *zwei* Söhne[72]. Zunächst wird im ersten Teil (Lk 15,12–24) *Schicksal und Verhalten des jüngeren Sohnes* thematisiert. Die übergroße Not, in die er gerät, veranlaßt ihn zur Umkehr. Diese beinhaltet für den Verfasser die Einsicht der Schuld sowie das Bekenntnis derselben vor seinem Vater. Obwohl er sich gegen den Vater versündigt hat, begreift der Sohn, daß er damit auch Gott beleidigt hat. Jede Beschönigung liegt ihm fern. Er will nicht um seine Stellung als Sohn bitten, sondern lediglich um die Barmherzigkeit der Duldung auf dem väterlichen Gut (vgl. Lk 15,17–19)[73]. Der Besinnung folgt der Weg der Umkehr, der Sohn führt durch, was er für sich beschlossen hat (vgl. Lk 15,20).

3.3.3. *Das Verhalten des Vaters* überrascht. Da er den Sohn von weitem sieht, ist eine wartende Haltung, ein Ausschau-Halten vorausgesetzt. Mitleid ist das Motiv dafür. Es veranlaßt den Vater sogar, dem Sohn entgegenzugehen, «laufend» – so sagt der Verfasser (Lk 15,20), damit keine Zeit verlorengeht und der Weg des Sohnes abgekürzt wird. Der Vater wartet nicht auf das erste Wort des Sohnes und wie es ausfallen wird. Aussehen und das Faktum seiner Rückkehr mögen für sich sprechen, vor allem aber: Der Vater wird selbst initiativ. Sein nonverbales Verhalten übertrifft an Intensität jedes gesprochene Wort und macht zugleich jedes Wort des Sohnes überflüssig. Umarmung und Kuß sind Ausdruck von Gemeinschaft, bzw. dort, wo diese wiederhergestellt werden muß, von Versöhnung.

Dennoch: Der Sohn spricht aus, was er sich vorgenommen hat. Wörtlich entspricht Lk 15,21 der zuvor erzählten Absicht des jungen Mannes. Die Bitte um Zuordnung zu den Tagelöhnern unterbleibt. Ist sie nicht durch die Begrüßung seitens des Vaters obsolet geworden?

Aber es bleibt nicht bei dieser Geste der Liebe und Annahme seitens des Vaters. An dem Heimkehrer wird eine Reinvestitur vollzogen, Ring und Sandalen kennzeichnen ihn als einen, der nicht zur Dienerschaft gehört, das Gewand gibt dem noch zusätzlichen Ausdruck. Das Festmahl kennzeichnet den besonderen Anlaß und verweist auf die wiedergewonnene Gemeinschaft zwischen Vater und Sohn, die überdies Anlaß zu Festesfreude ist. In der Gegenüberstellung von tot und lebendig wird gegenüber den voranstehenden Gleichnissen noch zusätzlich unterstrichen, daß es um das Leben des Menschen schlechthin geht. Jenes des jüngeren Sohnes ist wiedergewonnen.

3.3.4. Erst an diesem Punkt, an dem – gemessen an der Struktur der vorangehenden Gleichnisse – die Erzählung abgeschlossen scheint, tritt **der ältere Sohn** in das Geschehen, da er vom Feld kommt. Er hat also gearbeitet und damit wohl seine Pflicht getan. Was er über den Anlaß des Feierns erfährt, erzürnt ihn, und er verweigert die Gemeinschaft des Festes und des Feierns. Auch ihm gegenüber tut der Vater einen bedeutungsvollen, im damaligen sozialen Umfeld unerhörten Schritt. Er verläßt die Festgemeinschaft, um mit seinem Sohn draußen zu sprechen, ja sogar, um ihn zu bitten. Dennoch verweigert sich der ältere Sohn unter Hinweis auf sein vorbildliches Verhalten, das sich massiv von jenem des jüngeren

Mannes abhebt. Er bezeichnet diesen dabei nicht als seinen Bruder, sondern weist ihn einzig dem Vater zu (Lk 15,30: «dein Sohn...»). Die Anrede des Vaters klingt liebevoll: «Kind...» (Lk 15,31), und er streitet die Verdienste des Älteren nicht ab. Das Fest für den jüngeren Bruder (so bezeichnet ihn der Vater: Lk 15,32!) ist nicht Ausdruck der Wertung, sondern der Freude über den nicht eingetretenen Verlust.

Hier bricht die Erzählung ab. Das Verhalten des älteren Sohnes bleibt offen, es gilt gleichsam als Anfrage an jene, die im Kontext des Gleichnisses als Adressaten der Rede Jesu genannt sind. Vom jüngeren Sohn wird ausgesagt, daß er trotz seiner großen Schuld umgekehrt ist und zum Vater heimging[74]. Ob auch der ältere Sohn umkehrte in die Gemeinschaft mit seinem Vater, in die er auch die Gemeinschaft mit seinem Bruder eingeschlossen weiß, ist ungewiß.

3.3.5. So bleibt die *Frage, wie viele Söhne verloren* waren. Keine Frage aber bleibt bezüglich des Verhaltens des Vaters. Er respektiert die Entscheidung des jüngeren Sohnes und zahlt ihm sein Erbe aus. Vor allem wartet er auf dessen Rückkehr, um ihn wieder aufzunehmen.

Eine Nutzanwendung des Gleichnisses, sozusagen der Transfer, unterbleibt. Er ist auch nicht notwendig, wird ja ohnehin evident, worauf der Text abzielt. Sein offenes Ende beinhaltet eine bedeutungsvolle Frage an jene Schriftgelehrten und Pharisäer, die Jesu Verhalten gegenüber Zöllnern und Sündern kritisiert hatten.

Über den Kontext hinaus bietet das Gleichnis einen Einblick in das Verhalten Gottes, der Zuversicht gibt und ermutigt. Zugleich vermittelt es beispielhaft den Weg der Umkehr und warnt davor, aus Selbstgerechtigkeit sich selbst diesen Weg zu versperren oder ihn anderen zu neiden. Denn es ist ein Gleichnis von zwei Söhnen, die verlorengehen – darunter von einem, der Gefahr läuft, nicht umzukehren – , sowie von einem Vater, der unendlich langmütig und liebend auf beide Söhne wartet, um mit ihnen ein Fest zu feiern.

Darin besteht die Botschaft Jesu. Es ist evident, daß er von jenem Gott spricht, den die Verfasser alttestamentlicher Schriften bezeugt haben. Vielleicht tut er es etwas intensiver. Vor allem aber: Er selbst lebt diese Botschaft. So gehen auch die Identifikationsrahmen ineinander, wenn wir den guten Vater des Gleichnisses zuordnen wollen. Denn was von dem Vater an Liebe, Erwartung, Zuwendung gesagt wird, das verwirklicht Jesus selbst im Umgang mit Menschen in Schuld und Not: Er lädt sie zur (Mahl-)Gemeinschaft mit sich selbst und führt sie zur Gemeinschaft mit Gott, seinem Vater.

4. Die Bedeutung von Umkehr für den (nach-) österlichen Menschen

Wir haben festgestellt, daß die Verkündigung Jesu von Nazaret vom Umkehrruf und vom Angebot zur Umkehr bestimmt ist. Dieser Grundgedanke durchzieht die Darstellung des Wirkens Jesu seitens der Evangelisten. Auch wenn deren nachösterliche Perspektive in Rechnung gestellt wird, bleibt diese Aussage zutreffend.

Tod und Auferstehung Jesu haben seinem Wirken und seiner gesamten Verkündigung eine neue endgültige Dimension gegeben. Denn aufgrund des Ostergeschehens hat die Jüngerinnen- und Jüngergemeinde Jesu letztendlich seine Identität begriffen und gedeutet[75]. Überdies kommt in diesem Geschehen eine nicht mehr rückgängig zu machende Festlegung des Gottes Jahwe zum Ausdruck, da er in der Auferstehung Jesu sich diesem gegenüber als der proexistente Gott erweist, indem er ihn nicht im Tode läßt, sondern ihm neues Leben in Fülle schenkt[76].

Aufgrund des Ostergeschehens muß also, was bisher durch den oder am Rabbi Jesus gelernt und begriffen wurde, neu überdacht werden. Die frühe Christengemeinde setzt sich damit auch intensiv und vielschichtig auseinander. Dies gilt auch für die gestellte Thematik, die ja als ein zentrales Anliegen der Jesusverkündigung erkannt wurde. Welche Bedeutung hat sie nach Ostern, und welcher Stellenwert muß ihr in der nachösterlichen Gemeinde zuerkannt werden?

Zur Klärung dieser Frage kommen zunächst zwei bedeutsame theologische Traditionsströme zu Wort, die hier weiteren Aufschluß geben können: die diesbezügliche Überlieferung des Lukas (4.1.) und jene des Paulus (4.2.). Dies wird es uns ermöglichen, einen umfassenderen Überblick zu dieser Thematik zu erhalten (4.3.).

4.1. Umkehr als Inhalt der Osterverkündigung

Anhand zweier Textabschnitte bzw. Textbereiche können wir der lukanischen Einordnung von Umkehr nachgehen. Sie verbinden zugleich beide Schriften des Doppelwerkes und können so einen repräsentativen Einblick in das Denken dieses Theologen ermöglichen:

4.1.1. Das *Lukasevangelium* schließt mit einer Rede des Auferstandenen an seine Jüngerinnen und Jünger (vgl. Lk 24,44–49), welche dem Epilog über die Himmelfahrt Jesu (vgl. Lk 24,50–53) vorausgeht. Sprechweise und Stil erinnern an die Rede des Mose, mit der das Buch Dtn eingeleitet wird[77]. Der Text hat den Charakter eines testamentarischen Vermächtnisses. Dementsprechend gewichtig sind die einzelnen Aussagen:

«... Und er sprach zu ihnen:
So steht geschrieben, daß der Christus leidet,
und daß er aufersteht von den Toten am dritten Tag,

und daß verkündet wird in seinem Namen
Umkehr zur Vergebung der Sünden allen (Heiden-)Völkern,
angefangen von Jerusalem.
Ihr seid Zeugen dafür.
Und siehe:
Ich sende die Verheißung meines Vaters auf euch. ...»
(Lk 24,46–49a)

Der erste inhaltliche Akzent ist auf das Stichwort Erfüllung gelegt, das sich im Geschehen nach dem Wort der Schrift ereignet. Mehrere Momente sind ausdrücklich genannt: Die Passion Jesu, seine Auferstehung am dritten Tag sowie der nachösterliche Verkündigungsinhalt und Verkündigungsumfang.

Dem Verständnis von Tod und Auferstehung Jesu ist hier nicht nachzugehen. Unsere Aufmerksamkeit richtet sich auf den Verkündigungsbereich. Deutlich ist erkennbar, daß Kontinuität beabsichtigt ist: Schon der Täufer hatte Umkehr verkündet (vgl. Lk 3,3), auch Jesus selbst hatte diesen Bereich vorrangig thematisiert, wie wir gesehen haben.

Diese nachösterliche Verkündigung geschieht «in seinem Namen», also unter ausdrücklichem Rückbezug auf die Person Jesu. Damit ist nicht nur der sachliche Rückhalt, sondern auch die Bevollmächtigung ausgedrückt. Der die Person repräsentierende Name hebt die Autorität des Tuns der Jüngerinnen und Jünger hervor. «Name» bezieht sich im Text nicht einfach auf «Jesus von Nazaret», sondern auf den zuvor genannten «Christus», impliziert also den von Ostern her verstandenen Hoheitstitel sowie die dem Träger eigenen markanten Elemente, in erster Linie hier Tod und Auferstehung. Auftreten in diesem Namen ist unverzichtbar als österliches Bekenntnis und Proklamation des Ostergeschehens. Es ist also unerläßlich, daß sich die christliche Verkündigung immer wieder dieses Rückhalts in der Person des Auferstandenen bewußt bleibt.

Der Verkündigungsinhalt ist knapp umschrieben, und er mag überraschen. Für Paulus würde dieser Inhalt eher heißen: Jesus ist der Kyrios, oder ähnlich. Lukas zieht die Sachaussage vor und deutet damit das gesamte Jesusgeschehen für die nachösterliche Zeit. Der Kernpunkt des Wirkens Jesu wird darin zusammengefaßt: Schon in seiner vorösterlichen Tätigkeit hat er Menschen von Schuld und Sünde befreit. Was da geschehen ist, wird nun, nach Ostern, durch seine Jüngerinnen und Jünger weitergeführt. Sie sollen dafür Zeugen sein, heißt es später im Text (Lk 24,48; vgl. Apg 1,8).

Wenn wir das gesamte LkEv Revue passieren lassen, erscheint die Formulierung einleuchtend. Jesus verstand es als seine Aufgabe, Menschen in das Heil Gottes zu führen[78]. Zahlreiche Einzelepisoden belegen dies. Schon in der Geburtsverkündigung bezeichnet ihn der Evangelist als den Retter (Lk 2,11). Vor allem die Szene vom Tod Jesu, so wie ihn Lukas darstellt, gibt Aufschluß über das Verständnis des Verfassers:

«*Der Hauptmann, sehend das Geschehen, lobte Gott, sagend:*
Wirklich, dieser Mensch war ein gerechter.
Und die ganze zu diesem Schauspiel zusammengelaufene Volksmenge,
schauend das Geschehen,
sich an die Brust klopfend,
kehrte um.»
(Lk 23,47–48)

Der Tod und die Art des Sterbens Jesu rufen eigentümliche Reaktionen hervor: Für den Hauptmann ist dies Anlaß zum Gotteslob. Für die Umstehenden, die zu einem Schauspiel gekommen waren, ist es Anlaß zur Umkehr.

Zwei Gesichtspunkte sind hier erwähnenswert[79]: Aus lukanischer Sicht ist die gesamte Existenz Jesu Grund und Anlaß für einen Lobpreis Gottes. Dies beginnt bei der Geburt, geschieht auch angesichts des Todes Jesu und wird sich nach seiner Auferstehung fortsetzen (vgl. Lk 24,53). Es begleitet außerdem das gesamte Wirken Jesu (vgl. Lk 5,25.26; 7,16; 13,13; 17,15; 18,43). Weiters ist aus der Darstellungsweise erkennbar, daß der Verfasser in der Formulierung von Lk 23,48 an den hellenistisch-römischen Brauch denkt, der Volksmenge grausame Spiele zu gestalten (vgl. das in der römischen Politik gebräuchliche geflügelte Wort «panem et circenses» – Brot und Zirkusspiele). Um so markanter ist sodann die unerwartete Folgerung zu lesen: Statt einer befriedigten Sensationslust löst das Sterben Jesu zur Umkehr bewegende Betroffenheit aus: Noch in seinem Tod erfüllt Jesus seine Sendung.

Diese Deutung des Todes Jesu klingt in der nachösterlichen Weisung nach: Auch in Zukunft sollen unter Rückbezug auf Jesus Christus Menschen zum Neubeginn veranlaßt werden.

Die nachösterliche Weisung ist auch ihrem Umfang nach umschrieben: Das Angebot der vom Ostergeschehen abgeleiteten Heilszusage gilt allen Menschen. Eine Einschränkung ist nicht angedeutet. «Alle Heidenvölker» ist die weitestmögliche Umschreibung, in der sich bereits die nachösterliche Praxis spiegelt[80].

Vergeblich werden wir in der alttestamentlichen Schrift jenen Passus suchen, an dem dies «geschrieben steht». Hier wie an anderen Stellen gilt, daß dieser Rückverweis nicht im modernen, heutigen Sinn aufgefaßt werden darf, sondern den Charakter eines allgemeinen Rückbezuges hat, durch den die Übereinstimmung mit der Absicht, mit dem Willen Gottes zum Ausdruck gebracht werden soll, der sich in der Schrift manifestiert. Mit anderen Worten: Die Schriftgemäßheit dieses nachösterlichen Verkündigungsgeschehens unterstreicht die Übereinstimmung mit dem Handeln Gottes, wie es in der alttestamentlichen Schrift bezeugt ist, und damit die fortschreitende Kontinuität.

Schließlich muß noch eine letzte Beobachtung zu diesem Textabschnitt festgehalten werden: Er schließt mit der Zusage des verheißenen Geistes. Was den Jüngerinnen und Jüngern aufgetragen ist, bleibt ihnen nicht alleine überlassen. Sie können sich in der Erfüllung des Vermächtnisses Jesu auf die Verheißung des Vaters abstützen, ja mehr noch: Erst in der Kraft dieses Geistes sollen sie dem Auftrag Jesu nachkommen. Die weitere lukanische Verkündigung erläutert dies.

4.1.2. Als Beispiel dafür kann der *Verkündigungsinhalt der Apg* herangezogen werden. Aufgrund der Pfingstpredigt des Petrus, in der aus lukanischer Sicht erstmals das Ostergeschehen verkündet wird, entsteht große Betroffenheit:

«Als sie das hörten, traf es sie mitten ins Herz,
(und) sie sprachen zu Petrus und zu den anderen Aposteln:
Was sollen wir tun, Brüder?
Petrus aber (sprach) zu ihnen:
Kehrt um,
und ein jeder lasse sich taufen auf den Namen Jesu Christi
zur Vergebung eurer Sünden,
und ihr werdet die Gabe des Heiligen Geistes empfangen.»
(Apg 2,37–38)

Dieser Textabschnitt kann gleichsam als Durchführungsnotiz zu Lk 24 gelesen werden. Was der Auferstandene den Jüngerinnen und Jüngern aufgetragen hat, wird in die Tat umgesetzt. Der Pfingsttag ist dafür exemplarisch. Die auf die Osterverkündigung des Petrus geforderte Reaktion ist mehrschichtig:

Zunächst ist als notwendiges Zeichen der tatsächlichen persönlichen Betroffenheit die Taufe auf den Namen Jesu Christi gefordert. Damit geschieht nach urchristlichem Verständnis eine Zuordnung zu Jesus Christus selbst, da der Name Jesu Christi, also der Name des auferstandenen Herrn, über dem Täufling proklamiert wird (vgl. so Jak 2,7). Der Mensch, der sich taufen läßt, sieht in Jesus Christus seine neue Bezugsperson. Man könnte auch sagen: Er wendet sich um auf Jesus Christus zu.

Diese Taufe soll aus einem ganz bestimmten Grund vollzogen werden, nämlich: «zur Vergebung eurer Sünden». Der personale Kehrungsprozeß des Menschen auf Jesus Christus hin hat also den entscheidenden Effekt des Neuanfangs.

Wird dies vollzogen, setzt es genau jenen Verkündigungsinhalt voraus, von dem Lk 24 die Rede war. Die Umkehr auf Jesus Christus hin ermöglicht die Vergebung von Schuld, das bedeutet: Sie ermöglicht Gottesgemeinschaft[81]. Die damit verbundene Zusage des göttlichen Geistes ist dafür besonderer Ausdruck, denn in seiner Kraft kann diese Gemeinschaft tatsächlich gelebt werden[82].

Was vom Pfingsttag berichtet wird, ist in der Apg kein Einzelfall:

– Nach der Heilung des Lahmen am Tempeltor ruft Petrus die versammelte Menschenmenge zur Umkehr auf:

«Kehrt um und bekehrt euch
zur Auslöschung eurer Sünden.»
(Apg 3,19)

Desgleichen verkündet er vor dem Hohen Rat, als die Apostel verhaftet werden (vgl. Apg 5,31).

– Die Areopagrede des Paulus thematisiert die jetzt allen Menschen verkündete Umkehr (vgl. Apg 17,30).

– In seiner Verteidigung vor Festus und Agrippa beschreibt Paulus seine gesamte Tätigkeit als Umkehrpredigt (vgl. Apg 26,20). Dies tut er auch in seiner Abschiedsrede von Milet, in der überdies die personale Dimension von Umkehr deutlich wird: «Ich habe den Juden und den Heiden die Umkehr zu Gott und den Glauben an unseren Herrn Jesus bezeugt» (Apg 20,21)[83].

69

– Als Petrus den Glaubenden und Verantwortlichen in Jerusalem von der Bekehrung des Heiden Kornelius erzählt, wird sein Bericht wie folgt quittiert:

«So hat Gott nun auch den Heidenvölkern die Umkehr zum Leben gegeben.» (Apg 11,18)

Wir sehen also: Lukas faßt die Konsequenz des Ostergeschehens in der Möglichkeit der Umkehr für alle Menschen zusammen. Darin liegt die Heilsdimension des gesamten Wirkens, des Todes und der Auferstehung Jesu. In der Kraft des Geistes ist es die nachösterliche Pflicht der Jüngerinnen und Jünger, diese Einladung zur persönlichen Hinwendung an den Auferstandenen allen Menschen zu verkündigen.

Paulus verfolgt in seinen Schriften eine ähnliche Absicht, wenngleich er sie in anderer Weise formuliert.

4.2. Christusgeschehen als Vergebungsgeschehen

Paulus sieht das gesamte Christusereignis von Ostern her. Tod und Auferstehung Jesu bilden die Grundlage für jedes Bedenken der menschlichen Existenz. Daher ist es notwendig, zwischen dem Leben des Menschen und dem Handeln Gottes in Jesus Christus eine Beziehung herzustellen. Dies tut Paulus in mehreren Schritten, die hier nachgezeichnet werden sollen.

4.2.1. Ausgangspunkt kann die paulinische Anknüpfung an eine maßgebliche alttestamentlich-jüdische Vorstellung sein. Paulus begreift das ***Christusgeschehen als Befreiungsgeschehen,*** das ***für uns*** geschieht.

In der Verkündigung der ersten christlichen Generation ist die Frage nach der Beziehung des Ostergeschehens zu den Jüngerinnen und Jüngern bzw. zu all jenen, die zum Glauben an Jesus Christus gekommen sind, von besonderer Bedeutung. Die Antwort, die sich aus der nachösterlichen Verkündigung auf diese Fragestellung herauskristallisiert hat, lautet: Tod und Auferstehung Jesu sind *für uns* geschehen[84].

Diese Aussage ist in der vorösterlichen Haltung Jesu vorbereitet. Sein Leben und sein Wirken zielen nicht auf seinen eigenen Vorteil ab, sondern auf ein Für-Sein *(Proexistenz)* für alle Menschen. Jeden Gebrauch seiner Vollmacht zu seinem eigenen Nutzen lehnt Jesus kategorisch ab (vgl. dazu z.B. Mt 4,1–11 par; Mk 15,29–32 par). Es ist also folgerichtig, wenn auch Jesu Tod und seine Auferstehung aus dieser Perspektive gedeutet werden[85]. Dieses Verständnis kommt in einer aus dem Judenchristentum stammenden urkirchlichen Osterformel zum Ausdruck, die Paulus bereits vorgefunden hat und die er in einem seiner Briefe aufgreift:

«... Jesus Christus,
der sich gab für unsere Sünden,
damit er uns herausreiße aus diesem bösen gegenwärtigen Äon
gemäß dem Willen Gottes und unseres Vaters ...»
(Gal 1,4)

Der formelhafte Text[86] ist durch mehrere Momente besonders gekennzeichnet: Jesu Selbstgabe ist als ein aktives, totales Handeln beschrieben. Es geschieht «für unsere Sünden», also deshalb, weil wir Sünder sind (vgl. dazu Röm 6,7–8; Gal 2,20). All dies steht in Übereinstimmung mit dem Willen Gottes. Das Ziel solchen Handelns ist die Befreiung aus dem bösen gegenwärtigen Äon, also aus der Sündenverflochtenheit dieser Weltzeit, um so eine Hineinstellung des Menschen in die mit Jesus Christus anbrechende Endzeit zu gewährleisten.

Aus dieser vielschichtigen Aussage ist ein zweifacher Grundaspekt des Handelns Jesu erkennbar: freiwillig und in Gehorsam gegen Gott – bei all der Spannung, die damit gegeben ist. Dieses Handeln ist von einer zweifachen, aufeinander bezogenen Motivation begleitet: Es geschieht für uns und im Blick auf unsere Befreiung für die beginnende Endzeit. Paulus verwendet hier eine Sprechweise, die an die Befreiung Israels aus der Knechtschaft Ägyptens anspielt:

«Der Herr sprach: Ich habe das Elend meines Volkes in Ägypten gesehen, und ihre laute Klage über ihre Antreiber habe ich gehört. Ich kenne ihr Leid. Ich bin herabgestiegen, um sie aus der Hand der Ägypter herauszureißen und aus jenem Land herauszuführen in ein schönes weites Land...» (Ex 3,7-8)

Daraus ergibt sich ein wichtiger Bezug: So wie Jahwe Israel aus der Sklaverei der Ägypter befreit hat, so befreit Christus die an ihn Glaubenden aus der Knechtschaft der Sünde. Die Vertrautheit des Paulus mit diesem Bild des erlösten Sklavenschicksals wird noch zur Sprache kommen (siehe unten 4.2.2.; vgl. auch Röm 8,15; Gal 4,6).

Das in der Formel Gal 1,4 enthaltene «für unsere Sünden» – später in der frühchristlichen Überlieferung wird es auf das knappere «für uns» verkürzt werden – in Übereinstimmung mit dem Willen Gottes darf nicht in einseitiger Interpretation zu einer falschen Gottesvorstellung führen[87]. «Gemäß dem Willen Gottes» vermittelt (ähnlich wie «gemäß der Schrift») die Überzeugung, daß sich im Christusgeschehen, insbesondere im Osterereignis, Gott in jener Weise geoffenbart hat, wie dies aus der alttestamentlichen Überlieferung bereits bezeugt und verkündet wurde, also als der Bundesgott Jahwe, der auch den Exodus gewirkt hat (vgl. dazu oben 1.2.1.). Damit wird ausgedrückt, daß Gottes Handeln an Ostern in Kontinuität zu seinem bisherigen Wirken gegenüber Israel verstanden wird, wenngleich in einer bisher unerhörten Intensität und Verdichtung (Paulus kann deshalb auch sagen, daß das Evangelium Gottes über Jesus Christus «vorherverkündet wurde durch die Propheten in den Heiligen Schriften»: Röm 1,2).

Die Ausweitung des Gedankens «für uns», der das Moment der Sühne und des stellvertretenden Leidens einschließen kann, legte sich im jüdischen Denkhorizont besonders nahe: Schon sehr früh wurden die sogenannten «Gottesknechtslieder» des zweiten Jesajabuches (insbesondere Jes 52,13–53,12) einer auf das Schicksal Jesu bezogenen Relektüre unterzogen. Was dort über den Mann der Schmerzen gesagt wird, wurde als Vorausnahme und als prophetische Sicht des Passionsgeschehens verstanden. Überdies wurde in einer judenchristlichen Tradition Jesus Christus zur Gestalt und Bedeutung des jüdischen Hohepriesters in Beziehung gesetzt: Jener brachte am Versöhnungstag das Versöhnungsopfer für das Volk dar; Jesus Christus hat dies durch seinen Tod in vollkommener Weise und ein für allemal getan und so endgültige Versöhnung zwischen Gott und den Menschen bewirkt. Diese Interpretation ist insbesondere im Hebr entfaltet worden[88] (vgl. bes. Hebr 9,11–28) und hat sodann das christliche Osterverständnis maßgeblich mitbestimmt.

Aber kehren wir nochmals zum Grundaspekt von Gal 1,4 zurück. Für Paulus ist im Osterereignis in neuer Weise das geschehen, was Gott einst an der Mosesippe in Ägypten gewirkt hat: Befreiung. Die Dimensionen sind freilich verschieden: dort Befreiung aus der Knechtschaft des Pharao, hier Befreiung aus der Knechtschaft der Sünde. Das soll uns jetzt noch etwas genauer beschäftigen:

4.2.2. Der nachösterliche Mensch ist für Paulus *aus der Knechtschaft der Sünde in die Kindschaft Gottes* geführt worden. Um dies genauer zu sehen, müssen wir einen paulinischen Gedankengang aufrollen:

Mit seiner Taufkatechese in Röm 6 führt uns Paulus zurück in das soziale Umfeld der Antike:

«[3] *Wißt ihr nicht, daß wir als solche, die getauft wurden auf Christus Jesus, auf seinen Tod getauft worden sind?*

⁴ *Wir wurden also mitbegraben mit ihm durch die Taufe auf den Tod,*
damit, so wie Christus auferweckt wurde von den Toten durch die Herrlichkeit des Vaters,
so auch wir in einem neuen Leben wandeln.

⁵ *Wenn wir nämlich zusammengewachsen sind mit der Gestalt seines Todes,*
dann werden wir auch (zusammengewachsen) sein (mit der Gestalt) der Auferstehung.

⁶ *Das wissend, daß unser alter Mensch mitgekreuzigt wurde, damit vernichtet werde der Leib der Sünde,*
damit wir nicht Sklaven sind der Sünde.

⁷ *Denn der Gestorbene ist freigesprochen von der Sünde.*

⁸ *Wenn wir nun gestorben sind mit Christus, glauben wir, daß wir auch mitleben werden (mit) ihm...*

¹⁶ *Wißt ihr nicht,*
dem ihr euch selbst als Sklaven zum Gehorsam zur Verfügung stellt,
dessen seid ihr Sklaven – dem gehorcht ihr:
entweder (Sklaven) der Sünde zum Tod oder des Gehorsams zur Gerechtigkeit.

¹⁷ *Dank aber sei Gott,*
denn ihr wart Sklaven der Sünde,
seid aber gehorsam geworden von Herzen jener Lehre, an die ihr übergeben wurdet;

¹⁸ *befreit von der Sünde, seid ihr Sklaven geworden der Gerechtigkeit...*

²² *Jetzt aber,*
befreit aus der Sünde und geworden zu Sklaven für Gott,
habt ihr euren Lohn zur Heiligung, nämlich hin zum ewigen Leben.

²³ *Denn der Lohn der Sünde (ist) der Tod,*
die Gabe Gottes aber ewiges Leben in Christus Jesus, unserem Herrn.»
(Röm 6,3–8.16–18.22–23)

Der Textabschnitt ist in seiner ersten Hälfte (Röm 6,3–8) vom Gesichtspunkt des Mit-Christus-Seins bestimmt; im zweiten Teil ist er vom Stichwort Sklaverei geprägt[89]. Paulus greift dabei ein ihm vermutlich geläufiges, weil beinahe alltägliches Bild auf. Er vergleicht die Konsequenz des Christusgeschehens mit dem Besitzwechsel eines Sklaven.

Der Mensch vor Jesus Christus steht in der Sklaverei der Sünde, des Bösen. Jesus Christus hat diesen Menschen gleichsam ab- oder losgekauft, wobei das Ostergeschehen dafür der entscheidende Katalysator ist. Das frühchristliche Taufverständnis ist von dieser Bildhaftigkeit geprägt, und diese hat sich bis heute erhalten[90]:

Über dem Getauften wird der Name Gottes bzw. Jesu Christi proklamierend ausgerufen (vgl. Jak 2,7), so wie beim Sklavenkauf der Name des neuen Herrn als Ausdruck der Übereignung proklamiert wird. Der Getaufte erhält einen neuen Namen – wie auch der Herr seinen neu erworbenen Sklaven neu benennen konnte. Schließlich prägt sich durch die Taufe das Siegel des Geistes «unauslöschlich» ein (vgl. 2 Kor 1,22; Eph 1,13; 4,30). Auch der Sklave erhält das Brandzeichen des neuen Herrn eingebrannt. ...

Taufe auf den Namen Jesu Christi bringt einen Besitzwechsel des Menschen zum Ausdruck. Er ist nicht mehr Sklave der Sünde, sondern «Sklave Gottes» (so wörtlich Röm 6,22). Vor dem Hintergrund des Exodusgedankens, der in Gal 1,4 greifbar gewesen war, ergibt sich diese Weiterführung von selbst.

Auch Paulus weiß jedoch um die Härte der Sprache. «Sklave Gottes» entspricht nicht dem Wesen des Christen, der ja als eine neue Schöpfung (so 2 Kor 5,17) Gott unmittelbar abbilden soll. Deshalb greift er das Bild der Taufkatechese nochmals auf und führt es weiter:

«Ihr habt nicht einen Geist empfangen,
der euch zu Sklaven macht,
so daß ihr euch immer noch fürchten müßt,
sondern ihr habt den Geist empfangen,
der euch zu Kindern macht,

den Geist, in dem wir rufen: Abba! Vater!»
(Röm 8,15; vgl. Gal 4,6)

Die geistgeprägte Existenz des Menschen in Christus ist nicht eine unterjochte. Es ist eine Lebensweise, die es dem Menschen erlaubt, in Freiheit und *salom*, ohne Zwänge zu leben: Christusgeschehen als Rettungs-, als Befreiungsgeschehen also, in welchem die Macht des Bösen und die Gebundenheit durch die Sünde überwunden sind.

Damit werden jene grundsätzlichen Elemente angetönt, bei denen wir begonnen haben. Auch das neutestamentliche Zeugnis über Umkehr und Vergebung setzt bei der Identität Gottes an, die freilich um die Offenbarungsfülle Jesus Christus erweitert ist. Der Mensch, der bereit ist, auf diesen Gott hin umzukehren, wird in die von Jesus Christus neu konstituierte Gottesgemeinschaft hineingenommen.

Damit sind einige Schwerpunkte angedeutet. Abschließend soll nochmals auf die Stoßrichtung des biblischen Befundes hingewiesen werden.

5. Rückblick und Ausblick: Die Grundsätzlichkeit von Umkehr und Vergebung

Die angestellten Überlegungen haben sich auf Grundsätzliches beschränkt und Einzelfragen weitgehend ausgeklammert. Besonderer Wert wurde auf jene Markierungspunkte gelegt, die Umkehr und Vergebung als unverzichtbare Eckpunkte christlichen Glaubens- und Lebensverständnisses erscheinen lassen. Auf zwei Elemente möchte ich nochmals hinweisen:

5.1. Umkehr und Vergebung haben in der biblischen

Verkündigung eine *personale Dimension*. Wir bewegen uns nicht in der Bilanzstelle eines kleinlichen Buchhalters, der an unserem Leben addiert und subtrahiert, dieses und jenes aufgrund entsprechender sakramentaler Praxis löschen kann, damit letztendlich doch noch eine zumindest ausgeglichene Bilanz oder sogar ein Guthaben auf seiten «Himmel» herauskommt.

Zugegeben: Das entspricht weitgehend der eingeübten Mentalität. Es steht in Verbindung mit einem Lohn- und Vergeltungsdenken, das in der Bibel zwar anzutreffen, für sie aber nicht repräsentativ ist. Vor allem ist es dem zeitbedingten Verstehenshorizont der frühjüdischen Welt und Denkweise zuzuordnen. Aber Gott ist kein Buchhalter, bei dem wir uns durch entsprechende Eintragungen den Himmel verdienen, um nicht zu sagen erkaufen können. Wie wollten wir eine solche Vorstellung mit dem Vater aus Lk 15 in Einklang bringen?

Nein: Der Gott, der uns zur Umkehr ruft und von dem wir Vergebung erhoffen, ist ein personaler Gott, ein Gott, der zu uns in Beziehung getreten ist, der diese Beziehung mit allen ihm zu Gebote stehenden Möglichkeiten pflegt und der von uns das gleiche erwartet, erwarten darf. Diesen Gott schmerzt es, wenn wir nicht dasselbe tun. Gott schmerzt das Beziehungsdefizit. Darin liegt Schuld, liegt Sünde. Dieses Defizit setzt sich aus einzelnen Handlungen und Unterlassungen zusammen; aber nochmals: Gott ist kein Buchhalter, der diese einzelnen Fakten zählt und summiert. Gott geht es um uns als Person.

Umkehr heißt personale Ausrichtung auf Gott. Darin liegt das Wesentliche, denn nur dann kann die Beziehung zu Gott leben, wachsen, vertieft werden. Dafür genügt es nicht, wenn wir eine Sünde um einmal weniger tun. Das ist zwar ein Schritt in die richtige Richtung, aber der Weg ist es nicht.

Um Mißverständnissen vorzubeugen: Ich bin weit davon entfernt, einem Laxismus das Wort zu reden. Wer immer ernsthaft an einer zwischenmenschlichen Beziehung gearbeitet hat, weiß, daß diese nicht die Summe von einzelnen Handlungen ist, sondern so gut ist wie die darin ausgedrückte bzw. in sie investierte Grundhaltung. Sie erschöpft sich nicht in einer positiven Bilanz, wo das Gute überwiegt, sondern sie verlangt nach dem personalen Engagement füreinander. Da schmerzt das einzelne Versagen nicht weniger, und es ist nicht weniger schlimm, aber es ist in einen weiteren Zusammenhang eingeordnet.

Daher ist Schuld in den Kategorien von Beziehungsstörung zu Gott und zum Mitmenschen zu sehen. Umkehr kann sich nicht auf den Vorsatz beschränken, dies oder jenes nicht mehr oder besonders zu tun. Umkehr bedeutet, die personale Komponente ernst zu nehmen, die Gott uns anbietet. Dann ist Vergebung auch keine mathematische Kunstlösung, durch die alte Bilanzen gelöscht werden, sondern sie ist Ausdruck göttlicher Beziehungsbereitschaft, für deren Inanspruchnahme es für den Menschen nie zu spät ist.

5.2. Umkehr und Vergebung müssen in eine umfassende *Ethik der Liebe* eingebettet sein. Das ergibt sich aus dem zuletzt Gesagten. Dies provoziert die besondere Aufmerksamkeit gegenüber dem Grundsätzlichen.

Kehren wir nochmals zur Sprechweise einer «Beziehung» zwischen Gott und Mensch zurück und übertragen wir dies auf unsere zwischenmenschlichen Erfahrungen: Niemand käme auf die Idee, eine liebende Beziehung durch Ver- und Gebote zu regeln. Die Freundlichkeit zu meiner Frau kann ich nicht aufgrund einer Vorschrift als vordringlich ansehen, ebenso wie ich keine Gebotsliste brauche, um zu wissen, daß mit der Unfreundlichkeit die Störung dieser Beziehung beginnt.

Daß es trotzdem Richtlinien, Weisungen und Gebote gibt, die mir rechtes Verhalten in Erinnerung bringen, wenn ich den Sinn dafür verloren habe, ist deswegen nicht abzulehnen, im Gegenteil. Sie bilden sozusagen die letzten Leitschienen, die mich vor Schlimmerem bewahren. Aber das angedeutete Bild und das Sprechen von einer Beziehung zeigen zugleich: Wenn ich mich nur mehr an Geboten orientiere, wenn ich darin die Erfüllung ethisch und sittlich guten Lebens sehe – wie weit ist es dann mit mir gekommen, mit mir und mit meiner Beziehung bzw. Beziehungspflege?

Auch in unserer Gottesbeziehung dürfen wir nicht bei den Geboten und ähnlichem stehenbleiben. Im Notfall ist das gut, aber wir müssen wissen: Es ist das absolute Minimum. Christsein, Nachfolge spielt sich auf einer anderen Ebene ab – wie uns die Evangelien ja mit Nachdruck zeigen. Sonst machen wir aus unserem Glauben an Jesus Christus eine Erfüllungsreligion. Das ist nicht sehr zielführend, und es ist nicht sehr christlich.

Unsere Umkehr und Umkehrbereitschaft muß also andere Dimensionen und vor allem andere Motivationen haben. Sündenregister und sogenannte Beichtspiegel mögen am Anfang helfen, Dauerlösung sind sie keine. Denn – um nochmals das Gleichnis vom Pharisäer und vom Zöllner anzusprechen – der Mensch, der zweimal in der Woche fastet und dem Tempel den zehnten Teil seines ganzen Einkommens gibt (also brutto statt netto berechnet und damit sogar über das Maß – vgl. Lk 18,12), ist deshalb schon weder ein guter Jude noch ein guter Christ.

Ich denke, der Verfasser des JohEv weist uns den grundsätzlicheren Weg: Bekanntlich fehlt im vierten Evangelium jede einzelethische Anweisung. Das hat seinen Grund nicht darin, daß der Verfasser etwa einer laxen Haltung das Wort redet, keineswegs und im Gegenteil: Die ethische Unterweisung des Evangelisten lautet: «Liebt einander, wie ich euch geliebt habe» (Joh 13,34). Diese Weisung wird zum Kriterium der Jüngerinnen- und Jüngerschaft gemacht, also der Zugehörigkeit zu Jesus Christus.

Wer liebt, wird nicht auf die Idee kommen, zu rechten und zu rechnen. Er wird Einzelnes in einen Gesamtzusammenhang einordnen und so sehen. Wem käme es in den Sinn, einem geliebten Menschen, der um Vergebung bittet, darauf hinzuweisen, daß er ja nicht nur zweimal, sondern doch viermal beleidigend war und er überdies in seiner Entschuldigung dies oder jenes vergessen habe... Dann sollten wir dies auch Gott nicht zutrauen, denn er hat es nicht verdient. Ich denke nicht, daß damit das einzelne Tun und Lassen des Menschen verniedlicht wird; ich behaupte eher: im Gegenteil. Denn angesichts des Bemühens um eine gute Beziehung, angesichts des Versuchs, empfangene Liebe ebenso zu erwidern, schmerzt die Einsicht, daß ich da und dort dazu nicht fähig war oder bin, doch erheblich mehr, als wenn ich nur feststelle: Diese und jene Tat entspricht eigentlich nicht meinem eigenen Verhaltenskodex.

In diesem Zusammenhang ist nochmals auf die Vorstellung vom strafenden Gott einzugehen: Natürlich begegnen uns auch im Neuen Testament Bilder von einem Gericht, einer Rechtssprechung also. Ich betone: Bilder! Denn sie sind in das Bemühen einzuordnen, das Ende der Welt, das sich auch der biblische Mensch schwer vorstellen kann, anschaulich begreifbar zu machen. In solchen Bildern begegnet der gerechte, damit auch der strafende Gott. Es ist zu beachten, daß diese Vorstellung, in die auch das Sprechen vom Lohn gehört, u.a. im Judentum deshalb entwickelt wurde, um damit der Frage nach dem Sinn des Leides und des erduldeten Unrechtes zu begegnen. Wenn ich um die ausgleichende Gerechtigkeit Gottes weiß, kann ich vieles auf dieser Welt eher ertragen.

In unserem Religionsunterricht haben wir von zwei Formen der Reue gelernt, jener aus Furcht vor der Strafe Gottes und jener aus Liebe zu Gott. Entsprechend der Handlungsmotivation wurden sie als unvollkommene und als vollkommene Reue bezeichnet, und dieser damit vorgenommenen Wertung entsprach auch die Konsequenz, um die man damals im Hinblick auf die Tilgung der Sündenstrafen noch genau wußte[91]. (Ich erwähne dies deshalb, um damit auf das überkasuistische Denken hinzuweisen, das ich letztlich heute für verfehlt halte.) Diese Motivationen zur Reue und damit zur Umkehr spiegeln zwei Gottesbilder: jenes vom strafenden, richtenden Gott, der mir als Sünder Angst macht; und jenes vom liebenden Gott, der seinen Sohn und seine Tochter zwar ziehen läßt, weil er sie liebt und ihre freie Entscheidung achtet, der aber zugleich auf die Rückkehr wartet, entgegenläuft, umarmt, küßt und das Festmahl bereitet...

Beides findet sich in der Bibel. Ohne Zweifel ist die Rede von einem liebenden Gott und von seinem Verhältnis der Liebe die übergeordnete, weil dem gesamten Wesen Gottes entsprechende Botschaft.

Nochmals: Die Einordnung unserer Beziehung zu Gott, unseres Tuns und unseres Lassens in den Rahmen einer Beziehung macht unseren Umgang mit Umkehr nicht leichter, sondern letztlich schwerer. Denn ich kann mich nie bequem zurücklehnen und sagen: Jetzt habe ich den geforderten Standard erreicht. Ich denke, daß wir uns mit Weisungen auseinandersetzen müssen, um eine allgemein ethische Grundlage zu schaffen, in diesem Sinne also beziehungsfähig zu werden, und aus diesem Grund erachte ich die Unterweisung in den zehn Geboten und z.B. in der Botschaft der Bergpredigt für absolut unerläßlich. Aber es wäre verhängnisvoll, wollten wir auf dieser Ebene stehenbleiben, verhängnisvoll für uns selbst und für jene, die wir im Glauben anzuleiten haben. Dies gliche einem zwischenmenschlichen Rahmen, der lediglich durch Vorschriften geregelt wird, kalt, ohne Gefühle, ohne persönliche Kommunikation. Manche Filme vermitteln uns ein solches Horrorszenario von einer Computer- und Roboterwelt.

Gott hat aber keine Roboter geschaffen, sondern

Menschen nach seinem Abbild. Das lädt uns dazu ein, uns immer wieder neu auf den Weg zu machen, daran zu arbeiten, daß unsere Beziehung mit ihm glückt. Wollte er dies nicht, hätte Jesus Christus nicht zu kommen brauchen. Aber für Gott sind wir wichtig, nicht – um ein Wort an Israel abzuwandeln – weil wir so gut, großartig oder sonst etwas sind, sondern weil er uns liebgewonnen hat.

Darin, letztlich einzig darin, liegen Chance und Notwendigkeit von Umkehr sowie Zusage und Gewißheit von Versöhnung.

Anmerkungen

1 Vgl. dazu Katechismus der Katholischen Kirche, München u. a., Nr. 1420–1498, hier bes. 1446.
2 So das Schuldbekenntnis, Form A, am Beginn der Eucharistiefeier: Meßbuch II 326.
3 Dieses dialogische Verständnis von Offenbarung hat das Zweite Vatikanische Konzil in der Konstitution über die Göttliche Offenbarung, Kap I. (Art. 2–6), entfaltet; vgl. zur Interpretation u.a. E. Stakemeier, Die Konzilskonstitution über die Göttliche Offenbarung, Paderborn ²1967, 175–195; W. Kirchschläger, Gott spricht verbindlich. Einüben in das Hören, Freiburg Schweiz 1992, 21–38.
4 Zu dieser grundsätzlichen Einschränkung vgl. W. Kirchschläger, Einführung in das Neue Testament, Stuttgart ²1995, 52.
5 Zu Ex 3 unter dieser Perspektive der Namenserschließung Gottes siehe die Auslegung von G. Kittel, Der Name über alle Namen I., Göttingen 1989, 24–34.
6 Vgl. dazu B. N. Wambacq, Eh'yeh 'ser 'eh'ye («Ich bin, der ich bin»): Bib 59 (1978) 317–338a; weiters W. Kirchschläger, Kleiner Grundkurs Bibel. Im Blick: Das Alte Testament. (STB 8), Stuttgart 1991, 29–32.
7 G. Kittel, Name (Anm. 5), 34–35 nennt die folgenden Charakteristika: ein persönlicher Gott, der seine Nähe und

Gegenwart zusagt, dennoch aber frei und unverfügbar bleibt und zum Aufbruch drängt.

8 Zur Vorgangsweise vgl. E. Zenger, Der Gott der Bibel, Stuttgart 1979: Nach Zenger ist Gott in den Anfängen Israels durch folgende Handlungsweisen gekennzeichnet: Der Gott, der auf dem Weg begleitet, der in der Wüste Leben gibt, der befreit, der in ein gutes Land führt. Vgl. auch ders., Am Fuß des Sinai. Gottesbilder des Ersten Testaments, Düsseldorf 1993. Zum offenen Verständnis der angeführten und der nachfolgenden Charakterisierungen vgl. die Skizze oben S. 16.

9 Grundlegend dazu D. J. McCarthy, Der Gottesbund im Alten Testament. (SBS 13), Stuttgart 1967; A. Schenker, L'origine de l'idée d'une alliance entre Dieu et Israël dans l'Ancien Testament: Revue Biblique 95 (1988) 184–194.

10 Ausführlicher bei W. Kirchschläger, Der heilsgeschichtliche Bund. Ein bibeltheologischer Durchblick: Der Bund der Eid-Genossen. Hrsg. v. J. Gemperle, Luzern 1990, 140–157.

11 Vgl. ausführlich dazu Ch. Dohmen, Der Sinaibund als Neuer Bund nach Ex 19–34: Der Neue Bund im Alten. Hrsg. v. E. Zenger. (QD 146), Freiburg 1993, 51–83, hier bes. 75–81.

12 Zur entsprechenden Analyse vgl. Dohmen, Sinaibund (Anm. 11), 63–75. Gemäß ihrer geschichtlichen Entwicklung ist die Bundesidee differenzierter skizziert bei W. Kirchschläger, Bund und Bundesschluß. Das Bundesverhältnis zwischen Gott und Mensch als Grundlage zwischenmenschlicher Begegnung: Bund. Hrsg. v. E. Christen u. W. Kirchschläger, Luzern 1990, 65–83, hier 71–75.

13 Vgl. die detaillierte Exegese zu Jer 31 bei A. Schenker, Der nie aufgehobene Bund: Der Neue Bund im Alten (Anm. 11), 85–112.

14 Vgl. dazu B. Lang, Der Becher als Bundeszeichen: «Bund» und «neuer Bund» in den neutestamentlichen Abendmahlstexten: Der Neue Bund im Alten (Anm. 11), 199–212, der diese Deutung erst der nachösterlichen Gemeinde zuerkennt (bes. 205–206.211–212). Demgegenüber jedoch u. a. E. Ruckstuhl, Neue und alte Überlegungen zu den Abendmahlsworten Jesu: Ders., Jesus im Horizont der Evangelien. (SBAB 3), Stuttgart 1988,

69–99, hier bes. 87–90; weiters W. Kirchschläger, Eucharistie als gefeierte Gemeinschaft: ThpQ 140 (1992), 20–26, hier 22–23.

15 Zum Ganzen siehe A. Deissler, Das christliche Bundesdenken: Judentum – Kirche – Volk Gottes. (Theologische Berichte 3), Zürich 1974, 169–186.

16 Vgl. zum Hintergrund B. F. Batto, The Covenant of Peace: The Catholic Biblical Quarterly 49 (1987) 187–211; weiters Kirchschläger, Bund und Bundesschluß (Anm. 12) 79–80; ders., Kleiner Grundkurs Bibel: AT (Anm. 6), 94–97

17 H. H. Schmid, Ich will euer Gott sein: Kirche. Fs. H. Conzelmann. Hrsg. v. D. Lührmann u. G. Strecker, Tübingen 1980, 1–25; R. Smend, Die Bundesformel. (Theologische Studien 68), Zürich 1963.

18 Dazu J. Marböck, Bund und Gemeinde: Bibel und Liturgie 52 (1959) 112–120; W. Kirchschläger, Bund – Hoffnung zwischen Ideal und Wirklichkeit: ders., Wege der Hoffnung, Freiburg Schweiz 1992, 24–33.

19 So J. Kremer, Der Friede – eine Gabe Gottes: Stimmen der Zeit 107 (1982) 161–173; weiters H. H. Schmid, salom «Friede» im Alten Orient und im Alten Testament. (SBS 51), Stuttgart 1971.

20 Ausführlicher bei W. Kirchschläger, Der Friede sei mit euch: Der Friede sei mit/in/durch Euch! Hrsg. v. RPI Graz, Graz 1983, 9–24, hier 13.

21 Zur historischen und ideengeschichtlichen Entwicklung vgl. U. Struppe, Einführung in das Alte Testament, Stuttgart 1994, 23–29, sowie J. Schultes, Brennpunkt Befreiung: ders. u. W. Kirchschläger, Betroffen vom Wort, Wien 1986, 17–25.

22 Vgl. insgesamt dazu die Beiträge im Themenheft Exodus, ein Paradigma mit bleibender Wirkung: Conc (D) 23 (1987) 1–88.

23 Genauer dazu J. Petuchowski, Art. Schema' Jisrael: ders. / C. Thoma, Lexikon der jüdisch–christlichen Begegnung, Freiburg i. Br. 1989, 356–359.

24 Grundlegend dazu G. von Rad, Das theologische Problem des alttestamentlichen Schöpfungsglaubens: ders., Gesammelte Studien zum Alten Testament, München [2]1961, 136–147; W. Zimmerli, Grundriß der alttestamentlichen Theologie, Stuttgart [4]1982, 12–48, bes. 24–25.

25 Vgl. A. Deissler, Die Grundbotschaft des Alten Testaments, Freiburg i.Br. ⁶1978, 52–60.
26 Ausführlich dazu W. Kirchschläger, Die Schöpfungstheologie des Deuterojesaja: Bibel und Liturgie 49 (1976) 407–422. Wie sehr diese Idee mit dem zuvor erörterten Bundesdenken verknüpft ist, zeigt H. Groß, Die Schöpfung als Bund: Weisheit Gottes – Weisheit der Menschen. Fs. J. Ratzinger. Hrsg. v. W. Baier u. a., St. Ottilien 1988, 127–136.
27 Grundgelegt ist dieser Gedanke in den Schöpfungstexten selbst. Vgl. grundlegend dazu K. Lehmann, Der Mensch als Mann und Frau: Bild Gottes: Gott schuf den Menschen als Mann und Frau. Hrsg. v. P. Gordan, Graz 1989, 11–25.
28 So wörtlich aus dem lateinischen Text: «Placuit Deo...» Die offizielle Übersetzung siehe Anm. 29.
29 Dogmatische Konstitution über die Göttliche Offenbarung Art. 2: «Gott hat in seiner Güte und Weisheit beschlossen, sich selbst zu offenbaren und das Geheimnis seines Willens kundzutun... In dieser Offenbarung redet der unsichtbare Gott ... aus überströmender Liebe die Menschen an wie Freunde...»
30 Siehe dazu oben die Einführung zu Abschnitt 1. Anregungen zur im Folgenden versuchten Skizze einer von den Begriffen «Beziehung» und «Kommunikation» geprägten Verhältnisbestimmung zwischen Gott und Mensch und einer dementsprechend entwickelten Anthropologie bieten A. Deissler u. K. M. Woschitz, Art. Mensch: Bibeltheologisches Wörterbuch, Graz ⁴1994, 410–422, sowie die Ausführungen von A. Grözinger, Die Sprache des Menschen, München 1991, hier bes. 222–235. Vgl. dazu auch H. Pompey, Art. Beziehungstheologie: Lexikon für Theologie und Kirche ³II, Freiburg i. Br. 1994, 358–359.
31 Den evokativen Charakter der Gottesrede betont schon W. A. de Pater, Theologische Sprachlogik, München 1971, hier 44–49.
32 Zur Anwendung des Kommunikationsschemas auf das Verständnis von biblischer Offenbarung vgl. W. Kirchschläger, Einführung (Anm. 4), 2–5, sowie ders. in der Anm. 3 genannten Auslegung des Konzilstextes.
33 Dies ist dargestellt bei J. Marböck, Anfänge der Rede von

Gott: Anfänge der Theologie. Fs. J. B. Bauer. Hrsg. v. N. Brox u. a., Graz 1987, 1–24, hier bes. 12–17.

34 Analysiert bei H. G. Schröttler, Turmbaumenschheit oder Abrahamskindschaft: Zeitschrift für die Praxis des Religionsunterrichts 21 (1991) 12–14.

35 So L. Ruppert, «Machen wir uns einen Namen...» (Gen 11,4). Zur Anthropologie der vorpriesterlichen Urgeschichte: Der Weg zum Menschen. Fs. A. Deissler. Hrsg. v. R. Mosis u. L. Ruppert, Freiburg i.Br. 1989, 28–45.

36 H. Häring bezeichnet die Situation von Schuld als: «Den Widerspruch erkennen»: Theologie der Erbschuld: Leid, Schuld, Versöhnung. Hrsg. v. P. Gordan, Graz 1990, 119–142, hier bes. 119.124–125.126–127 (Zitat 119).

37 So ebd. 123–124. Im Neuen Testament wird dies im von Paulus entwickelten Bild vom Leib Christi deutlich: «Wenn darum ein Glied leidet, leiden alle Glieder mit...» (1 Kor 12,26).

38 Es geht also um die jeweils neue Grundentscheidung des Menschen (um eine «optio fundamentalis»); grundlegend dazu J. Fuchs, Theologia moralis generalis, Rom [2]1963, 88–100.

39 Siehe dazu D. Kellermann, Heilig, Heiligkeit und Heiligung im Alten und Neuen Testament: Heiligenverehrung in Geschichte und Gegenwart. Hrsg. v. P. Dinzelbacher, Ostfildern 1990, 27–47.

40 Ausführlich analysiert von J. G. Gammie, Holiness in Israel. (Ouvertures to Biblical Theology), Minneapolis 1989.

41 Zur Analyse der Komposition vgl. G. H. Matthies, Ezekiel 18 and the Rhetoric of Moral Discourse. (SBL Dissertation Series 126), Atlanta 1990.

42 Zur folgenden kursorischen Textlektüre vgl. die Kommentare, bes. W. Eichrodt, Der Prophet Hesekiel. (ATD 22), Göttingen 1966, 146–158; H. F. Fuhs, Ezechiel I. (NEB 32/1), Würzburg 1984, 93–98.

43 Vgl. generell dazu E. Zenger, Mit meinem Gott überspringe ich Mauern, Freiburg i.Br. [3]1991; weiters W. Kirchschläger, Kleiner Grundkurs Bibel: AT (Anm. 6), 110–112.

44 Vgl. dazu G. Fohrer, Das Alte Testament II und III, Gütersloh [2]1977, 136–138, sowie vor allem R. Smend, Die Entstehung des Alten Testaments, Stuttgart 1978, 196–198.

45 Zur Interpretation des Psalms vgl. R. R. Marrs, A Cry from the Depths (Ps 130): Zeitschrift für die alttestamentliche Wissenschaft 100 (1988) 81–90, sowie A. Deissler, Die Psalmen III, Düsseldorf 1965, 164–167; A. Weiser, Die Psalmen. (ATD 14/15), Göttingen ⁷1966, 533–535.

46 H. Gross zeigt auf, daß diese Hoffnung grundlegende Bedeutung für jüdisches religiöses Denken hat: «Bei Ihm ist Erlösung in Fülle». Befreiung in den Psalmen: Bibel und Kirche 42 (1987) 104–108.

47 Auf die jeweils neu aktualisierende Absicht dieser Gebetsform, mit der sich die oder der Betende die Grundhaltung des Psalmisten zu eigen machen kann, weist U. Struppe, Einführung (Anm. 21), 97, hin.

48 Die heute neu gestellte Frage betrifft eher das genaue Verhältnis zwischen dem Täufer und Jesus. Vgl. dazu die grundlegenden Ausführungen von J. Ernst, Johannes der Täufer – der Lehrer Jesu?, Freiburg i. Br. 1994, sowie von J. Gnilka, Jesus von Nazaret. Botschaft und Geschichte, Freiburg i. Br. 1990, 79–86, vor allem 85–86, wo die Entwicklung der biblischen Täufertradition kritisch zusammengefaßt wird.

49 Andeutungsweise so A. Sand, Das Evangelium nach Matthäus. (RNT), Regensburg 1986, 65. U. Luz, Das Evangelium nach Matthäus I/1. (EKK I/1), Zürich 1985, 144, betont hingegen die starken prophetischen Züge des Täufers aufgrund der Hervorhebung seiner Botschaft. Siehe dazu auch H. Merklein, Jesu Botschaft von der Gottesherrschaft. (SBS 111), Stuttgart ²1984, 33–36, der auf zusätzliche Momente von Kontinuität und Diskontinuität zwischen der Täuferbotschaft und der Verkündigung Jesu verweist. Ausführlich vgl. dazu ders., Die Umkehrpredigt bei Johannes dem Täufer und Jesus von Nazaret: Biblische Zeitschrift 25 (1981) 29–46. Ebenso dazu W. Bruners, Wie Jesus glauben lernte, Freiburg i. Br. 1991, 34–43.

50 Eine kurze Analyse des Spruches siehe bei H. Merklein, Die Jesusgeschichte – synoptisch gelesen. (SBS 156), Stuttgart 1994, 54–58; sowie bei W. Kirchschläger, Einführung (Anm. 4), 41–43.

51 Dazu W. Kirchschläger, Kleiner Grundkurs Bibel. Im Blick: Das Neue Testament, Stuttgart ²1992, 19–21.

52 Den Zusammenhang zwischen der anbrechenden Gottes-

herrschaft und der vertrauensvollen Gottesanrede zeigt H. Merklein, Jesu Botschaft (Anm. 49), 83–91, auf.

53 Vgl. grundlegend dazu R. Schnackenburg, Die sittliche Botschaft des Neuen Testaments I, Freiburg i. Br. 1986, 42–50. Erneut ist auf den Begriff der «optio fundamentalis» (siehe dazu oben 2.3.) zu verweisen: Vgl. dazu M. Flick / Z. Alszeghy, L'opzione fondamentale della vita morale e la grazia: Gregorianum 41 (1960) 593–619.

54 Zum synoptischen Vergleich siehe H. Merklein, Jesusgeschichte (Anm. 50), 63–64.65–67, sowie R. Pesch / R. Kratz, So liest man synoptisch 1, Frankfurt 1975, 47–49.

55 Siehe dazu E. Zenger, Art. Herrschaft Gottes / Reich Gottes: Theologische Realenzyklopädie 15, 176–189.

56 Dazu J. Marböck, König, Kind und Knecht. Zum Weg messianischer Hoffnung im Alten Testament: Weihbischof Stöger. Exeget zwischen Bibelkommission und Offenbarungskonstitution. Hrsg. v. F. Staudinger / H. Wurz, St. Pölten 1990, 103–112.

57 Ausführlicher bei E. Zenger, Jesus von Nazaret und die messianischen Hoffnungen des alttestamentlichen Israel: Studien zum Messiasbild im Alten Testament. Hrsg. v. U. Struppe. (SBAB 6), Stuttgart 1989, 23–66.

58 Vgl. die ausführliche Zusammenfassung bei J. Gnilka, Jesus (Anm. 48), 141–165.

59 Dazu J. Jeremias, Jerusalem zur Zeit Jesu, Göttingen ³1969, 337–347.

60 Vgl. dazu ausführlicher I. Maisch, Die Heilung des Gelähmten. (SBS 52), Stuttgart 1971, hier bes. 86–90, sowie M. Trautmann, Zeichenhafte Handlungen Jesu. (fzb 37), Stuttgart 1979, 235–255, bes. 249–251. Für die damit verbundene Problematik siehe I. Broer, Jesus und das Gesetz. Anmerkungen zur Geschichte des Problems und zur Frage der Sündenvergebung durch den historischen Jesus: Jesus und das jüdische Gesetz. Hrsg. v. I. Broer, Stuttgart 1992, 61–104, hier 72–79.

61 Dazu D. A. Koch, Jesu Tischgemeinschaft mit Zöllnern und Sündern: Jesu Rede von Gott und ihre Nachgeschichte im frühen Christentum. Fs. W. Marxsen. Hrsg. v. D. A. Koch u. a., Gütersloh 1989, 57–73, sowie M. Trautmann, Zeichenhafte Handlungen (Anm. 60), 132–166, zu den

textübergreifenden Aspekten hier bes. 160–166.398–399; F. Wyss, Jesus – Freund der Verachteten, Luzern (Theol. Diplomarbeit) 1991, bes. 215–219.

62 Vgl. Analyse und Überblick über die Begriffsverwendung bei G. Shin, Die Ausrufung des endgültigen Jubeljahres durch Jesus in Nazaret, Bern 1989, 147–155; zum Hintergrund vgl. ebda 155–162.

63 Dazu L. Ramaroson, «Le premier, c'est l'amour» (Lc 7,47a): Science et Esprit 39 (1987) 319–329.

64 Zu diesem Verständnis der Heilungen Jesu vgl. W. Kirchschläger, Einführung (Anm. 4), 60–62.

65 Da 1 Talent etwa 6'000 Denaren entsprach, das Verhältnis also 600'000'000 zu 100 oder 6'000'000 zu 1 ausmacht, wird man die bildhafte Aussage wohl mit «unendlich viel gegenüber praktisch nichts» auflösen müssen. Zur Umrechnung vgl. Bibel-Lexikon. Nachtrag II. Hrsg. v. H. Haag, Einsiedeln ²1968, 1951–1954.

66 Ausführlich aufgearbeitet und dargestellt bei M. Reiser, Die Gerichtspredigt Jesu. (NTA 23), Münster 1990.

67 Vgl. so Joh 5,21.26; 6,57; 10,14–15; 13,34; 15,4.9; 17,18.21; 20,21.

68 Dazu W. Kirchschläger, Was bedeutet: Jesus Christus hat uns erlöst? Von der überwältigenden Liebe Gottes: Das Phänomen des Bösen. Hrsg. v. W. Kirchschläger, Luzern 1990, 97–113, hier 100–107.

69 Genauer bei G. Shin, Ausrufung (Anm. 62), 169–182.

70 Zur Auslegung unter dieser besonderen Perspektive vgl. J. Kremer, Der barmherzige Vater. «Die Parabel vom verlorenen Sohn» (Lk 15,11–32) als Antwort Gottes auf die Fragen der Menschen zu «Leid – Schuld – Versöhnung»: Leid, Schuld, Versöhnung (Anm. 36), 91–117.

71 Vgl. dazu J. B. Nützel, Jesus als Offenbarer Gottes nach den lukanischen Schriften. (fzb 39), Würzburg 1980, 234–240. 255; O. Knoch, Wer Ohren hat, der höre. Die Botschaft der Gleichnisse Jesu, Stuttgart 1983, 237–251, hier 237.

72 Daß dies besonders zu beachten ist, zeigt G. Scobel, Das Gleichnis vom verlorenen Sohn als metakommunikativer Text: Freiburger Zeitschrift für Philosophie und Theologie 35 (1988) 21–67.

73 Zu diesem Moment der Umkehr siehe bes. G. Lohfink, «Ich habe gesündigt gegen den Himmel und gegen dich».

Eine Exegese von Lk 15,18.21: ders., Studien zum Neuen Testament. (SBAB 5), Stuttgart 1989, 45–48.

74 Zur Bedeutung dieser Aussage vgl. P. Pokorny, Lukas 15,11–32 und die lukanische Soteriologie: Christus bezeugen. Fs. f. W. Trilling. Hrsg. v. K. Kertelge u. a., Freiburg i. Br. 1990, 179–192, hier 185–187; J. Kremer, Der barmherzige Vater (Anm. 70), 114–115.

75 Zur Vielfalt dieser Deutungswege vgl. W. Kirchschläger, Einführung (Anm. 4), 77–84.

76 Dazu vor allem J. Kremer, Die Auferstehung Jesu Christi: Handbuch der Fundamentaltheologie 2, Freiburg i. Br. 1985, 175–196, hier 188–191; sowie D. Wiederkehr, Glaube an Erlösung, Freiburg i. Br. 1976, 51–55; G. Friedrich, Die Verkündigung des Todes Jesu im Neuen Testament, Neukirchen 1982, 143–155; M. L. Gubler, Die frühesten Deutungen des Todes Jesu, Freiburg Schweiz 1977; weiters W. Kirchschläger, Was bedeutet: Jesus Christus hat uns erlöst? (Anm. 68), 104–107.

77 Dtn 1,1: «Das sind die Worte, die Mose vor ganz Israel gesprochen hat.»
Lk 24,44: «Das sind meine Worte, die ich zu euch gesprochen habe...».
Dazu und zum Folgenden vgl. J. Kremer, Die Osterevangelien. Geschichten um Geschichte, Stuttgart ²1981, 142–145.

78 Grundlegend dazu R. Glöckner, Die Verkündigung des Heils beim Evangelisten Lukas, Bonn 1974, sowie A. George, L'Emploi chez Luc du Vocabulaire de Salut: New Testament Studies 23 (1977) 308–320.

79 Zum Folgenden W. Kirchschläger, Einführung (Anm. 4), 73–74; vgl. auch G. Barth, Der Tod Jesu im Verständnis des Neuen Testaments, Neukirchen 1992, hier 136–138.

80 So auch J. Kremer, Weltweites Zeugnis für Christus in der Kraft des Geistes: Mission im Neuen Testament. (QD 93), Hrsg. v. K. Kertelge, Freiburg i.Br. 1982, 145–163, hier 147–150.

81 Dazu R. Glöckner, Verkündigung (Anm. 78), 164–166.

82 Ausführlicher dazu W. Kirchschläger, Das Geistwirken in der Sicht des Neuen Testaments. (Theologische Berichte 16), Zürich 1987, 15–52, hier bes. 37–43.

83 Dies ist eine generelle Tendenz der Paulus-Darstellung in der Apg. Vgl. so D. P. Moessner, Paul in Acts: Preacher of

Eschatological Repentance to Israel: New Testament Studies 34 (1988) 96–104.

84 Vgl. dazu K. Kertelge, Das Verständnis des Todes Jesu bei Paulus: ders., Grundthemen paulinischer Theologie, Freiburg i.Br. 1991, 62–80, hier bes. 76–80.

85 Vgl. dazu mit der üblichen Sprechweise von «Stellvertretung» und «Sühne» G. Friedrich, Die Verkündigung des Todes Jesu (Anm. 76), 72–76, sowie G. Barth, Der Tod Jesu Christi (Anm. 79), 23–71. Demgegenüber wäre für ein heutiges Verständnis die Sprechweise von einer bis in den Tod durchgehaltenen Proexistenz Jesu als Ausdruck seiner kompromißlosen Liebe (vgl. dazu Mk 10,45, vor allem Joh 13,1; 15,13), welche der Vater durch sein Handeln im Tod Jesu deckt, der Vorzug zu geben. Angedeutet so bei W. Kirchschläger, Was bedeutet: Jesus Christus hat uns erlöst? (Anm. 68), 101–102, ebenfalls bei G. Barth (siehe oben) 98–100.

86 Vgl. ausführlicher dazu W. Kirchschläger, Zu Herkunft und Aussage von Gal 1,4: L'Apotre Paul. Hrsg. v. A. Vanhoye. (BEThL 73), Leuven 1986, 332–339.

87 Vgl. dazu auch R. Schnackenburg, Ist der Gedanke des Sühnetodes Jesu der einzige Zugang zum Verständnis unserer Erlösung durch Jesus Christus?: Der Tod Jesu. Hrsg. v. K. Kertelge. (QD 74), Freiburg i. Br. 1976, 205–230. Zum Folgenden vgl. W. Kirchschläger, Einführung (Anm. 4), 79–80; ders., Gott spricht verbindlich (Anm. 3), 100–106: Gott hat nicht ausdrücklich den Tod des Sohnes gewünscht und gefordert, um die Sünde des Menschen zu tilgen und zu sühnen – gleichsam als wäre dies die Bestimmung Jesu vom ersten Tag seiner irdischen Existenz gewesen. Diese Vorstellung widerspricht den Aussagen des Neuen Testaments über die Menschheit Jesu, und sie übersieht den nachösterlichen Charakter der neutestamentlichen Schriften: Da Menschsein Wachsen, Entwicklung und Vertiefung bedeutet, ist es ein mit der Geschichte verknüpfter Prozeß. Die Verfasser des Neuen Testaments blicken auf diese Ebene des geschichtlichen Verlaufs zurück und deuten das Geschehen aus ihrer situationsbezogenen Perspektive. Der Ablauf der Ereignisse wurde – nachdem er sich so in seiner geschichtlichen Einmaligkeit ergeben hatte – im Blick auf Gott, auf Jesus

Christus und auf den Menschen interpretiert. Dazu wurden verschiedene Sprach- und Vorstellungsmodelle herangezogen, die sodann auch in die neutestamentlichen Schriften Eingang gefunden haben.

Jesu Aufgabe war es also nicht, nach einer gewissen Zeit irdischen Lebens am Kreuz zu sterben, weil nur so menschliche Schuld hätte adäquat aus dem Weg geräumt werden können. Seine Sendung bestand vielmehr darin, den Menschen die Botschaft von der Liebe seines Vaters zu verkünden, mit seiner gesamten Existenz dafür einzustehen und sie gegenwärtig zu setzen. Im geschichtlichen Augenblick von Jesu Wirken wurde diese Botschaft – vornehmlich von jenen Menschen, die in seinem Lebensraum die Möglichkeit der Meinungsbildung und der Entscheidung hatten – nicht angenommen. Diese Ablehnung bedeutete für Jesus den Tod, da er in Treue zu seiner Sendung von dieser unter keinen Umständen Abstand nehmen wollte. Gerade in diesem Tod aber bezeugte Gott in einer für den Menschen nicht vorstellbaren oder erwartbaren Weise seine Treue zu seinem Sohn: Er ließ ihn nicht im Tod, sondern erwies sich in der Gabe eines neuen Lebens in Fülle als ein Gott, der auch über den Tod hinaus treu und zugewendet (also proexistent) bleibt.

88 Genauer bei G. Barth, Der Tod Jesu Christi (Anm. 79), 147–155.

89 Eine entsprechende Analogie nimmt K. Kertelge auch für entsprechende Aussagen im Gal an: Freiheitsbotschaft und Liebesgebot im Galaterbrief: ders., Grundthemen (Anm. 84), 197–208, hier 201–202.

90 Zum Folgenden vgl. W. Kirchschläger, Was bedeutet: Jesus Christus hat uns erlöst? (Anm. 68), 97–99, 107–111.

91 Vgl. so Katechismus der Katholischen Kirche (Anm. 1), Nr. 1452 und 1453.

KURT KOCH

Die eine Botschaft von der Versöhnung im vielfältigen Wandel des Bußsakramentes

Rückblick in die Geschichte und Einblick in die Gegenwart[1]

Buße, Umkehr und Versöhnung stehen im Mittelpunkt der Botschaft Jesu und sollten deshalb auch das Leben der christlichen Kirche durchgehend prägen. Denn ihre Teilhabe am Paschamysterium von Tod und Auferstehung Jesu Christi ist und bleibt die Urquelle wie das Zielbild der christlichen Umkehr. Daß sich aber auch und gerade das Bußsakrament der katholischen Kirche gegenwärtig und bereits seit längerer Zeit in einer tiefen Krise befindet und daß folglich das Angebot der Lossprechung von den Sünden weithin zu einem Angebot ohne Nachfrage geworden zu sein scheint: dies pfeifen heute die Spatzen allenthalben von den Dächern. Nicht wenige, freilich etwas eigenwillige «Spatzen» sind dabei bestrebt, die Ursachen für diese Krise in den Neuaufbrüchen des Zweiten Vatikanischen Konzils und in der von ihm gewünschten und angestoßenen liturgischen Neuordnung des Bußsakramentes ausfindig zu machen. Im Gegenzug zu solchen monokausalen und deshalb einäugigen Schuldzuweisungen hat aber der Vorsitzende der Deutschen Bischofskonferenz, der Mainzer Bischof *Karl Lehmann*, darauf aufmerksam gemacht, daß nach dem Konzil in der Tat manche vorkonziliare kirchliche Disziplin sehr schnell verlorengegangen ist, und zwar vornehmlich deshalb, weil sie offensichtlich «schon innerlich labil und in Krisen nicht mehr tragfähig genug» war. Auch und gerade im Blick auf das Bußsakrament betonte Bischof Lehmann deshalb, dieses «hätte nicht so rasch an Kraft verloren, wenn es nicht irgendwie schon morsch gewesen wäre». Und Bischof Lehmann stellte sogar die nur allzu berechtigte Frage: «Hat man hier die Erneuerung trotz aller Bemühungen nicht zu spät angesetzt?»[2]

I. Krise *einer* Form des Bußsakramentes

Die gegenwärtige Krise des Bußsakramentes zeigt sich am offensichtlichsten im weit vorangeschrittenen Rückgang der Beichtpraxis und in den stets verwaister gewordenen Beichtstühlen, die unter anderem auch die Priester um die elementare Chance bringen, ihre Seelsorge und Verkündigung lebensschicksalsgeschichtlich erden zu können. In dieser Feststellung liegt allerdings nur die eine Seite des gegenwärtigen Problems. Ihr entspricht auf der anderen Seite die Tatsache von nicht nur gut besuchten, sondern geradezu überfüllten Bußfeiern, zumindest dort, wo sie mit der Spendung der Generalabsolution praktiziert werden beziehungsweise praktiziert werden dürfen. Dort erfreuen sie sich großer Beliebtheit und werden von vielen Teilnehmern sogar als die wichtigsten pastoralen Ereignisse im Laufe des Kirchenjahres empfunden. Diese Feststellung, daß viele katholische Christen auch heute offensichtlich eine authentische Bereitschaft zu Umkehr, Buße, Versöhnung und zum Empfang der Absolution an den Tag legen und trotzdem den Weg zur persönlichen Einzelbeichte nicht finden – aus welchen Gründen auch immer –, erfordert deshalb eine differenziertere Diagnose des eigentlichen Wurzelgrundes der gegenwärtigen Krise des kirchlichen Bußsakramentes. Diese Diagnose kann dabei nur lauten, daß die gegenwärtige Krise des Bußsakramentes eigentlich und im tiefsten eine Krise der Einzelbeichte und damit *einer* Form des Bußsakramentes ist.

Darin liegt im Kern die pastorale Notsituation der Gegenwart im Blick auf das kirchliche Sakrament der Buße beschlossen. Angesichts dieser pastoralen Notsituation der Gegenwart erhebt sich die entscheidende Frage, ob die katholische Kirche bei der ihr von Christus verliehenen Vollmacht der Vergebung der Sünden unabänderlich an der traditionellen Bedingung der detaillierten Einzelbeichte allein festhalten muß, oder ob sie sich nicht öffnen könnte für eine berechtigte Vielfalt in den konkreten Formen des Bußsakramentes, um auf diesem Wege das Geschenk der Absolution möglichst vielen Menschen in neuer Weise zugänglich machen zu können. Daß dieser Weg glaubwürdig, verantwortet vor der kirchlichen Tradition und ohne Schmälerung des besonderen Stellenwertes der Einzelbeichte beschritten werden kann, dafür hat *Franz Nikolasch*, zweifellos einer der ausgewiesensten Kenner des Problems, mit Recht plädiert: «Eine Vielfalt an sakramentalen Bußformen kann den besonderen Wert und Rang der Einzelbeichte wieder deutlich zum Bewußtsein bringen, aber auch eindringlich darlegen, daß christliche Buße nicht an eine bestimmte Form gebunden ist, sondern letztlich immer eine radikale, innere Hinwendung des reuigen Christen zu Christus und zu Gott erfordert, die, entsprechend der Natur des Menschen, auch einer äußeren Form bedarf, die aber – wie die Geschichte der Kirche zeigt – nicht ein für allemal festliegt.»[3]

In der Tat dokumentiert die Kirchen- und Dogmengeschichte, daß das Bußsakrament geradezu das Sakrament mit der größten Variationsbreite hinsichtlich seines äußeren Vollzuges darstellt. Bereits im Jahre 1956 hat *Karl Rahner* darauf hingewiesen, daß das «Beichtinstitut bei aller Beharrung in seiner Substanz tiefgreifende Wandlungen durchgemacht hat», und zwar «so sehr, daß, wären sie nicht Tatsache, wohl die meisten Dogmatiker sie a priori als unmöglich – weil gegen die Substanz des Sakramentes – erklären würden»:

«Der hl. Joseph hat nun einmal nicht den ersten Beichtstuhl gezimmert. Es gab viele Jahrhunderte ohne Andachtsbeichte. Ein Augustinus hat nie gebeichtet. Es gab Jahrhunderte, wo die heiligen Bischöfe Galliens predigten, Buße zu tun, aber erst auf dem Sterbebett zu beichten. Es gab Konzilien, die davor warnten, einem jungen Mann in Todesgefahr das Sakrament zu spenden, weil er wieder gesund werden könnte und ihm dann die lebenslänglichen Bußverpflichtungen viel zu schwer werden könnten. Es gab Jahrhunderte, in denen man nur einmal die kirchliche Rekonziliation empfangen konnte. Im 11. und 12. und bis ins 13. Jahrhundert lehrten alle Theologen, daß dieses Sakrament nicht die Schuld vor Gott tilge, sondern andere sekundärere Wirkungen habe. Noch für Thomas von Aquin war es durchaus eine Selbstverständlichkeit und sogar eine Pflicht des Poenitenten, daß er schon durch die Buße gerechtfertigt zu diesem Sakrament hinzutrete, so ähnlich wie Albert der Große und der hl. Bonaventura es für unvollkommen hielten, wenn einer Ablässe gewinne, anstatt Buße zu tun. Erst im 13. Jahrhundert kommt die indikative Absolutionsformel auf und läßt immer mehr eine schöne Bußliturgie zu einer nüchternen Absolution zusammenschrumpfen.»[4]

Aus diesem bunten Blumenstrauß von historischen Erinnerungen zog Rahner den berechtigten Schluß: «Alle diese Tatsachen sollen nur eines beweisen: das Sakrament ist lebendig. Was lebendig ist, hat seinen Wandel, auch wenn seine innerste Wesensentelechie gleich bleibt... Aber wenn das Bußsakrament der Kirche lebt, dann wird es sich auch in Zukunft wandeln, ohne sein Wesen zu verlieren. Diese künftigen Wandlungen können leiser geschehen und im äußerlich Institutionellen unmerklicher sein als die bisherigen. Würden sie nicht geschehen, wäre die Institution Christi petrefakt und tot.»[5] Um zu verhindern, daß das Bußinstitut der Kirche versteinert oder gar stirbt, muß man auch Katecheten zumuten, sich auf die wechselvolle Geschichte des Bußsakramentes einzulassen, um aus ihr Konsequenzen zu ziehen für eine heute glaubwürdige Gestaltung dieses Sakramentes. Und an diese Geschichte in kurzen Zügen zu erinnern erweist sich auch und gerade heute als Not wendend, soll die katholische Kirche nicht nur jene evangelische Freiheit im konkreten Umgang mit diesem Sakrament (zurück-)gewinnen können, die ihr eigentlich zusteht, sondern soll sie auch und vor allem das großartige Geschenk der Absolution als Edelstein des christlichen Glaubens in neuer Weise zum Funkeln bringen können.

II. Von der alten Kirchenbuße zur modernen Andachtsbeichte

Die Versöhnung Gottes mit den Menschen und die Vergebung der Sünden durch Gott in Jesus Christus in der Kraft des Geistes machen den zentralen Grundgehalt der neutestamentlichen Botschaft aus[6]. Dies gilt so sehr, daß der Apostel Paulus das Christusereignis überhaupt als Geschehen der Versöhnung Gottes mit der Welt beschreiben kann: «Das alles kommt von Gott, der uns durch Christus mit sich versöhnt und uns den Dienst der Versöhnung aufgetragen hat. Ja, Gott war es, der in Christus die Welt mit sich versöhnt hat, indem er den Menschen ihre Verfehlungen nicht anrechnete und uns das Wort von der Versöhnung (zur Verkündigung) anvertraute» (2 Kor 5,18–19). Diese von Christus gewirkte Vergebung der Sünden geschieht dabei im

Lebensraum der christlichen Gemeinde und durch die Dienste der Gemeinde, vor allem durch die Verkündigung und durch den Vollzug der Taufe:

- Die Vergebung der Sünden ereignet sich auf der einen Seite durch die *Predigt*, genauer durch die Proklamation der göttlichen Heilszeit: «In seinem Namen wird man allen Völkern, angefangen in Jerusalem, verkünden, sie sollen umkehren, damit ihre Sünden vergeben werden» (Lk 24,47).
- Auf der anderen Seite und vor allem vollzieht sich die Vergebung der Sünden in der *Taufe*: «Petrus antwortete ihnen: Kehrt um, und jeder von euch lasse sich auf den Namen Jesu Christi taufen zur Vergebung seiner Sünden; dann werdet ihr die Gabe des Heiligen Geistes empfangen» (Apg 2,38).

Hinter dieser Zuordnung der Sündenvergebung zur Verkündigung des Evangeliums und zum Sakrament der Taufe steht die neutestamentlich verbürgte Überzeugung, daß die Sünde der Menschen ein für allemal vergeben worden ist im Sakrament der Taufe, weshalb noch das Nizäno-Konstantinopolitanische Glaubensbekenntnis von der «einen Taufe zur Vergebung der Sünden» spricht. Wenn dementsprechend der eigentliche «Sitz im Leben» der Sündenvergebung das Sakrament der Taufe ist, lassen sich auch die Ermahnungen im Neuen Testament verstehen, die ein sündenloses Leben der Christen nach der Taufe wünschen und sogar voraussetzen: «So sollt auch ihr euch als Menschen begreifen, die für die Sünde tot sind, aber für Gott leben in Christus Jesus. Daher soll die Sünde euren sterblichen Leib nicht mehr beherrschen, und seinen Begierden sollt ihr nicht gehorchen» (Röm 6,11–12). Auf der anderen Seite mußte offensichtlich bereits die neutestamentliche Botschaft realistischerweise feststellen, daß die Sünde auch in der christlichen Gemeinde nicht schlechthin abgestorben ist. Da nämlich auch Getaufte nach ihrer Wiedergeburt in Christus wieder in die Sünde zurückfielen, wurde für die Alte Kirche die Frage stets unausweichlicher, ob jene Christen, die sich ernster Vergehen schuldig gemacht haben, aus der christlichen Gemeinde exkommuniziert werden müssen, oder ob ihnen eine zweite Chance der Umkehr gewährt werden darf und soll. Zu solchen Kapitalsünden wurden dabei immer deutlicher die Trias von Glaubensabfall, Ehebruch und Mord gezählt.

1. Kanonische Rekonziliation: Versöhnung mit der Kirche

Indem die christliche Kirche sich für die zweite Möglichkeit entschieden hatte, war bereits die Institution einer «zweiten Buße» entstanden. Diese wurde deshalb so bezeichnet, da die erste und eigentliche Buße ja in der Taufe vollzogen worden war. Schon der «Hirt» des *Hermas*, eine in der ersten Hälfte des zweiten Jahrhunderts entstandene Apokalypse, verstand die kirchliche Buße als Wiederholung der Taufe und bezeichnete sie deshalb als «schwierige Taufe»: «Wenn nach jener großen und heiligen Berufung (der Taufe) einer vom Teufel verführt wird und sündigt, so gibt es für ihn nur noch eine Buße. Wenn er aber weitermacht im Sündigen, nur schwerlich wird er das Leben erhalten.»[7] Hinter diesen deutlichen Worten verbirgt sich die Überzeugung, daß das eigentliche Sakrament der Sündenvergebung die Taufe ist und daß deshalb die kirchliche Buße nur verstanden und vollzogen werden kann als Wiederholung der Taufe, gleichsam als Pannenhilfe danach, nämlich nach den nicht ratifizierten Taufkonsequenzen, oder als das letzte Brett bei dem Schiffbruch der Sünde nach der Taufe.

Diese altkirchliche Buße konnte nur einmal während des Lebens vollzogen werden. Sie war eine eigentliche

Exkommunikationsbuße und bestand im wesentlichen in drei Phasen: erstens «poenitentiam petere» (geheimes Schuldbekenntnis vor dem Bischof), zweitens «poenitentiam dare» (Gewährung des Bußverfahrens und Aufnahme in den Büßerstand unter Festlegung der konkreten Bußverpflichtungen), und drittens «poenitentiam accipere» (Annahme des Bußurteils durch den Büßer und Ausschluß vom Kommunionempfang). Während der vom Bischof dem Büßer auferlegten Bußzeit war der Sünder von der Teilnahme an der Eucharistie ausgeschlossen und hatte ein Büßergewand zu tragen, bis er wiederum in die Gemeinschaft der Kirche aufgenommen wurde, wobei sich als üblicher Tag der Rekonziliation immer deutlicher der Gründonnerstag herauskristallisierte.

Diese altkirchliche Form der Buße wurde zudem *«kanonische Kirchenbuße»* genannt, da das Bußverfahren liturgisch immer mehr mit Einzelvorschriften geregelt wurde und weil die Aussöhnung des Sünders mit der Kirche als das wirksame Zeichen der Versöhnung mit Gott selbst betrachtet wurde. Dieser unlösbare Zusammenhang zwischen Absolution der Sünden und Rekonziliation mit der kirchlichen Gemeinschaft und darin mit Gott bildete den eigentlichen Kern dieser altkirchlichen Buße, den der katholische Mainzer Dogmatiker *Theodor Schneider* auf die treffende Kurzformel gebracht hat: «Der Friede mit der Kirche ist nach der Vorstellung der ersten Jahrhunderte das wirksame Zeichen des Friedens mit Gott: Pax cum ecclesia = Pax cum Deo.»[8]

Als Zeichen des Erweises der echten Umkehrbereitschaft wurden harte und teilweise in das Leben des Büßers massiv einschneidende Bußauflagen verordnet, beispielsweise Berufsverbote oder lebenslanger Verzicht auf den geschlechtlichen Ehevollzug, mithin derart strenge Bußverpflichtungen, die den Sünder entweder gesellschaftlich und wirtschaftlich belasten mußten oder von ihm faktisch das Leben eines Mönches verlangten. Diese

100

Entwicklungen brachten es deshalb mit sich, daß die öffentliche Kirchenbuße auf die Sterbestunde verschoben oder daß sie jungen und gesunden Menschen schon gar nicht mehr gewährt wurde. Auf diesem Wege entwickelte sich die Kirchenbuße immer mehr zur «Krankenbuße», worin man zweifellos eine schwerwiegende Verkehrung ihrer ursprünglichen Intention erblicken muß.

2. Glaubenstherapeutisches Gespräch in den Ostkirchen

Bevor jedoch die weitere Entfaltung des kirchlichen Bußsakramentes in der Tradition der Westkirche skizziert werden soll, lohnt sich der Hinweis darauf, daß das Bußsakrament in den Ostkirchen eine ganz andere Entwicklung durchgemacht hat. Nachdem bereits ab dem vierten Jahrhundert die harte öffentliche Kirchenbuße im Osten weitgehend abgeschwächt worden war, ist an ihre Stelle immer mehr die individuelle Beichte bei einem Seelenführer getreten, der zumeist Mönch und deshalb nicht unbedingt Priester war. Aus diesem Grund war diese Mönchsbeichte in der Regel nicht nur eine Laienbeichte, sondern auch und vor allem lag ihr Hauptakzent nicht, wie im Westen, auf der richterlichen Dimension und auf dem Genugtuungsaspekt, sondern auf der geistlichen Führung des einzelnen Sünders und somit auf der *therapeutischen* Funktion des Beichtgespräches. Am deutlichsten kam dieses neue Verständnis der Buße zum Ausdruck in den fürbittenden (= deprekativen) Absolutionsformeln, die den «Beichtvater» als den um die Vergebung der Sünden Bittenden mehr an die Seite des Beichtenden stellen ließ und nicht als Richter dem Beichtenden gegenüber wie in der späteren westlichen Konzeption.

Diese kurze Erinnerung an die ostkirchliche Form des Bußsakramentes erweist sich gerade in der heutigen kirchlichen Situation als hilfreich und weiterführend, und zwar vor allem deshalb, weil das Zweite Vatikanische Konzil in seinem Dekret über die Ostkirchen erklärt hat, auch in diesen werde das Bußsakrament gültig gespendet und dementsprechend könne es in bestimmten Situationen auch von römisch-katholischen Christen empfangen werden. Da jedoch die konkreten Formen des Bußsakramentes in den Ostkirchen teilweise auch heute noch ganz erheblich von der in der lateinischen Kirche vorgeschriebenen Form der Einzelbeichte abweichen, darf und muß man in dieser konziliaren Erklärung eine – zumindest inklusive – Anerkennung der Möglichkeit der sakramentalen Absolution auch in anderen Gestalten als in der Einzelbeichte allein erblicken.

3. Wiederholbare Absolution in der Privatbeichte

Von der in der Ostkirche seit dem vierten Jahrhundert üblichen Praxis des therapeutischen Beichtgespräches waren jene iro-schottischen Mönche inspiriert, die vom sechsten Jahrhundert an das in der westlichen Kirche bislang übliche öffentliche kanonische Bußverfahren mit der in der Ostkirche geübten Beichtpraxis zu kombinieren versuchten und diese neue Form auch auf dem Kontinent verbreiteten. Gemäß dieser neuen Gestalt war eine wiederholte Absolution durch den Priester möglich, und zwar unter Einbeziehung auch von sogenannten leichten Sünden in das Bekenntnis an jedem beliebigen Tag des Jahres. Damit war jene wiederholbare und nicht-öffentliche Buße entstanden, die die grundlegend neue Form wurde und die bis auf den heutigen Tag als «Privatbeichte» bekannt ist.

Die wesentlichen Unterschiede dieser neuen Form zur früheren Praxis springen dabei sofort in die Augen: Während es erstens zunächst noch einige Zeit bei der ursprünglichen Reihenfolge – Bekenntnis, Buße, Rekonziliation – blieb, wurde das Bußwerk, das ursprünglich der Rekonziliationsabsolution vorauszugehen hatte, sehr bald der Absolution nachgeordnet. Zweitens blieben die ursprünglich schweren Bußauflagen zwar zunächst noch in Kraft; sie konnten jedoch sehr bald «verwandelt» werden beispielsweise in angehäufte Gebetsübungen, Geldspenden, Geißelungen oder andere asketische Praktiken. Drittens wurde das Schuldbekenntnis, das ursprünglich die notwendige Voraussetzung für den Vollzug des Bußsakramentes bildete, zum eigentlichen Akt der Buße selbst, und zwar bis dahin, daß die Beschämung des Bekennens als Bußwerk selbst empfunden wurde. Und viertens traten das individuelle Schuldbekenntnis und die priesterliche Absolution derart in den Vordergrund des Bußsakramentes, daß die kirchliche Dimension der Sünde wie der Buße weitestgehend aus dem Blickfeld geriet. Dies hatte zur unabdingbaren Konsequenz, daß das ganze Bußverfahren zum größten Teil individualisiert und privatisiert war. Denn es vollzog sich nun ohne Beteiligung der kirchlichen Gemeinschaft, ohne öffentlichen Büßerstand und ohne Absolution des Sünders in der realen Gegenwart der Gemeinde.

Führt man sich diese einschneidenden Veränderungen in der Bußpraxis vor Augen, kann man verstehen, warum dieses neue Verfahren der keltischen Kirche, das sich auch auf das Festland auswirkte, von Bischöfen und Synoden zunächst heftig bekämpft wurde. Denn sie mußten diese neue Praxis einer wiederholbaren Beichte im Vergleich zu der traditionellen öffentlichen kanonischen Kirchenbuße als zu leicht und zu billig empfinden. Mit äußerst harten Worten, die sich auf dem Hintergrund des heutigen Beichtschwundes und der kirchenlehramtlichen Bestrebungen zur Einschärfung der Einzelbeichte als der einzig möglichen Form des Bußsakramentes eigenartig, wenn nicht gar paradox anhören, verurteilte beispielsweise die Synode von Toledo im Jahre 589 diese neue Bußpraxis: «Weil wir gehört haben, daß in einigen Kirchen Spaniens nicht nach den früheren Vorschriften Buße getan wird, sondern so, daß jedesmal, wenn jemand gesündigt hat, er einen Priester um Verzeihung bittet, deshalb wird zur Ausrottung dieser schändlichen, abscheulichen und übermütigen Neuheit vom Konzil auferlegt, daß die Buße nach der früheren kanonischen Form gegeben werden soll.»[9] Trotz dieses kirchenamtlichen Widerstandes vermochte sich aber die neue Bußpraxis unaufhaltsam durchzusetzen, selbst gegen alle Restaurationsversuche der alten Bußform während der Karolingischen Reform. Auf jeden Fall war sie um das Jahr 1000 eine beständige Institution der Kirche geworden, die im 16. Jahrhundert auf dem Konzil von Trient als die verbindliche Gestalt des Bußsakramentes sogar feierlich festgeschrieben wurde. Genauerhin bestimmte das Konzil als «Form» des Bußsakramentes die Absolutionsformel des Priesters und als seine Materie Reue, Bekenntnis und Genugtuung als die drei entscheidenden Akte des Poenitenten.

Trotz dieser kirchenamtlichen Entwicklungen dürfte diese neue und gewiß erleichterte Bußpraxis keineswegs zu der von ihr erhofften größeren Bußfreudigkeit der Katholiken beigetragen haben. Wäre dies nämlich der Fall gewesen, wäre die bereits im neunten Jahrhundert aufgestellte Verpflichtung, einmal oder auch dreimal im Jahr zur Beichte zu gehen, kaum zu verstehen. Diese Forderung wurde schließlich sanktioniert mit der Vorschrift des Vierten Laterankonzils im Jahre 1215: «Jeder Gläubige beiderlei Geschlechts soll, nachdem er in die Jahre der Unterscheidung gelangt ist, wenigstens einmal im Jahr all seine Sünden allein dem eigenen Priester getreu beichten.»[10]

4. Absolution in der modernen Andachtsbeichte

Eine weitere Veränderung in der Gestalt des Bußsakramentes wurde erst in der Neuzeit mit dem Aufkommen der sogenannten Andachtsbeichte eingeleitet, nämlich mit dem regelmäßigen Bekenntnis von auch nur läßlichen Sünden, vor allem im Sinne der Vorbereitung auf den Empfang der Kommunion. Darin muß man die negative Konsequenz der an sich positiven Förderung des häufigeren Kommunionempfangs durch Papst *Pius X.* erblicken, insofern viele Gläubige, die sich nicht für würdig hielten, öfter zu kommunizieren, an ihre Beichtväter verwiesen wurden. Bei dieser neuen Form wurden nicht nur die aufzuerlegenden Bußwerke noch mehr reduziert, so daß sie oft bloß noch in einem kurzen Gebet bestanden. Vor allem verlor das Bußverfahren vollends seinen kirchlich-öffentlichen Charakter und Bezug. Dies wurde in der liturgischen Gestalt vor allem dadurch sichtbar verstärkt, daß seit dem 16. Jahrhundert die Einzelbeichte vom Altarraum weg in einen geschlossenen Beichtstuhl verlegt wurde.

Es war genau diese Entwicklung, die zur verbreiteten und bis heute üblichen Bezeichnung des kirchlichen Bußsakramentes als «Beichte» geführt hat. Diese Entwicklung brachte es aber auch mit sich, daß in der beinahe zweitausendjährigen Geschichte der katholischen Kirche zu keiner Zeit so viel gebeichtet wurde wie zu Beginn unseres Jahrhunderts. Denn die Tradition ging von der Verpflichtung zur einmal im Jahr zu vollziehenden Beichte aus, und selbst das Konzil von Trient forderte «nur» das vollständige Bekenntnis aller Todsünden, während es von den läßlichen Sünden sagte, man könne sie zwar «zu Recht, mit Nutzen und ohne jede Vermessenheit im Bekenntnis» nennen, man könne sie aber auch «ohne Schuld verschweigen und durch viele andere Heilmittel» sühnen[11]. Im Unterschied zu diesen an sich weisen Vorschriften wurde die Andachtsbeichte hingegen beinahe wöchentlich vollzogen, was von selbst zur Konsequenz hatte, daß sie sich ganz auf die sogenannten läßlichen Sünden konzentrierte. Man geht deshalb mit dem Urteil keineswegs fehl, wenn man in dieser neuen Praxis einen der maßgeblichen Gründe für den Rückgang des Beichtens in der jüngeren Vergangenheit und in der Gegenwart erblickt. Auf jeden Fall wird man das heute weitverbreitete «Beichtfasten» der Katholiken auch verstehen müssen als Reaktion und Pendelschlag auf die frühere Überfrequentierung des Beichtstuhles und auf die «Beichtüberernährung» in den vergangenen Jahrzehnten. Und von dieser wird man sagen müssen, daß mit ihr der außerordentliche Weg der Versöhnung Gottes mit den Menschen im Bußsakrament in den ordentlichen und beinahe einzigen Weg verwandelt wurde.

Die geschichtliche Entwicklung hin zur modernen Andachtsbeichte muß aber auch noch aus anderen Gründen zumindest als äußerst zwiespältig und mangelhaft beurteilt werden. Denn der liturgisch verkümmerte Ritus der Andachtsbeichte, der das ursprüngliche Zeichen der sakramentalen Absolution, nämlich die Handauflegung, entweder aus Abschied und Traktanden fallen ließ oder es in der – zumindest in der zweiten Hälfte unseres Jahrhunderts mißverständlich gewordenen, weil vom Hitlergruß nicht genau zu unterscheidenden – Form der Handerhebung des Priesters in Richtung des Poenitenten seines Sinnes beraubte, konnte nicht mehr deutlich machen, daß es sich beim Bußsakrament um einen liturgischen Akt handelt, bei dem nicht nur der einzelne Mensch tätig ist, sondern bei dem auch und vor allem Christus durch die Kirche auf das Heil der Menschen hinwirkt.

Der reduzierte Ritus der Einzelbeichte begünstigte vor allem den fatalen Eindruck, als handle es sich beim Bußsakrament um einen rein privaten Vorgang, so daß der soziale und kirchliche Charakter von

Schuld, Bekenntnis, Buße und Absolution kaum mehr in Erscheinung treten konnte. Der frühere Basler Bischof *Hansjörg Vogel* hat jedenfalls mit Recht in seiner Doktoratsdissertation die gegenwärtige Beichtkrise darin diagnostiziert, daß das Bußsakrament in der Gestalt der Beichte immer mehr verinnerlicht und in den zentralen Akten von Bekenntnis, Reue und Absolution individualisiert worden ist. Nicht nur geriet im Bußvorgang die Bedeutung der Kirche zunehmend in Vergessenheit, sondern auch der durchschnittliche Empfang des Bußsakramentes verlor immer mehr an Umkehrkraft, so daß man im Blick auf die Beichte – in pointierter Zuspitzung – sogar von einem «Bußumgehungssakrament» sprechen könnte: «In der Beichte stand nicht mehr die Umkehr und die Neuausrichtung aus dem Glauben im Vordergrund, sondern sie diente als Absicherung für einen würdigen Kommunionempfang.»[12]

III. Göttliches Gericht der Befreiung aus dem Schuldgefängnis im Zeichen der Tauffreude

Der kurze Durchblick durch die dogmengeschichtlichen und liturgiehistorischen Entwicklungen des kirchlichen Bußsakramentes und des in seinen verschiedenen Formen implizierten Verständnisses der Realität der Absolution ist geeignet, den zu Beginn dieser Überlegungen geäußerten Verdacht zu bestätigen, daß es sich in der gegenwärtigen Problemsituation nicht um eine Krise der Empfangsbereitschaft für das göttliche Geschenk der Absolution auf seiten der katholischen Christen handelt. Dieses Urteil pflegen nur jene zu fällen, die die Einzelbeichte oder gar die moderne Andachtsbeichte mit dem Bußsakrament überhaupt eingleisig und traditionsvergessen identifizieren. Demgegenüber zeigt der Blick in die Geschichte, daß wir gegenwärtig die Krise *einer* Form der kirchlichen Vermittlung der Realität der göttlichen Absolution erleben, nämlich jener Gestalt der Einzelbeichte, die die kirchliche Dimension der Absolution wie des Bußsakramentes überhaupt nicht mehr zum Tragen zu bringen imstande war.

Von daher dürfte es kein Zufall sein, daß die Revitalisierung des kirchlichen Charakters des Bußsakramentes im Vordergrund und Mittelpunkt der neueren theologischen Bemühungen steht, für die das Zweite Vatikanische Konzil eine maßgebliche Initialzündung gegeben hat. Darauf wird in meinem zweiten Beitrag in diesem Buch ebenso zurückzukommen sein wie darauf, daß aus der kirchenamtlichen Monopolisierung der Einzelbeichte, die die eigentliche Ursache der gegenwärtigen Krise des Bußsakramentes bildet, umgekehrt nicht die Verabschiedung der Einzelbeichte überhaupt gefolgert werden darf. An dieser Stelle drängen sich aber drei Konsequenzen aus dem historischen Durchblick für eine heute glaubwürdige Bußpraxis auf. Mit deren Benennung soll zugleich versucht werden, auf heute auch und gerade unter Katecheten weitverbreitete Mißverständnisse und Bedenken im Blick auf das Bußsakrament einzugehen.

1. Buße als Revitalisierung der Taufe

Der historische Rückblick hat erstens gezeigt, daß Buße und Sündenvergebung ursprünglich mit dem Sakrament der Taufe engstens verknüpft waren. Deshalb kann gemäß der Überzeugung des Konzils von Trient die christliche Buße nur verstanden und vollzogen werden als «zweite Rettungsplanke nach dem Schiffbruch der verlorenen Gnade» beziehungsweise uneingelöster Taufkonsequenzen[13] oder gar als «mühevolle Taufe»[14].

Zwar hat das Konzil von Trient das Sakrament der Buße von der Taufe grundsätzlich unterscheiden wollen, und zwar vor allem durch die Profilierung der Buße als Gericht, die natürlich gegen die Reformatoren gerichtet war. Denn diese hatten gelehrt, daß die Sündenvergebung ein neues Aufleben der Gnade durch den Glauben sei. Trotz dieser Abgrenzung des Trienter Konzils von den Reformatoren wird man aber sagen dürfen, daß kein zweiter Glaubenszeuge im Laufe der Kirchengeschichte den engen Zusammenhang zwischen Taufe und Buße derart klar erfaßt hat wie *Martin Luther*. Denn er ging dezidiert von der Einmaligkeit des Taufgeschehens als der Begründung des neuen Lebens in der christlichen Existenz aus, und er verband damit die Erfahrung von der Notwendigkeit der erneuerten Buße auch nach der Taufe, die die Kirche spätestens seit dem dritten Jahrhundert machen mußte. Deshalb konnte Luther in seinem «Großen Katechismus» schreiben, «Kraft und Werk der Taufe» sei nichts anderes «denn die Tötung des alten Adam, darnach die Auferstehung des neuen Menschen, welche beide unser Leben lang in uns gehen sollen, also daß ein christlich Leben nichts anderes ist denn eine tägliche Taufe, einmal angefangen und immer darin gegangen».[15] Folglich soll der Christ die Taufe halten «als sein täglich Kleid, darin er immerdar gehen soll».[16] Und Luther betonte schließlich derart den heilsgeschichtlichen Zusammenhang zwischen Taufe und Buße, daß er sogar raten konnte, der Christ solle sich in der Anfechtung auf die empfangene Taufe berufen und sagen: «Ich bin dennoch getauft».[17]

Dieses Verständnis der christlichen Buße als lebenslange Aneignung der Taufe, das heute durchaus ökumenefähig geworden ist, erweist sich in der heutigen pastoralen Situation als von ausschlaggebender Bedeutung[18]. Denn wahre christliche Buße muß immer die Gestalt der Erinnerung an die Taufe und der Verlebendigung der Taufe haben. Damit ist freilich ein ernsthafter Anspruch an den Christen verbunden. Wenn bereits Paulus die einschneidende Bedeutung der Taufe im Leben des Christen mit dem ebenso realistischen wie drastischen Bild des Übertritts des Menschen aus der Sklavenherrschaft der

Sünde unter die neue und befreiende «Sklaverei Gottes» zum Ausdruck gebracht hat[19], dann muß auch christliche Buße heute eine mystagogische Anleitung zur konsequenzenreichen Entfaltung der Taufwirklichkeit im alltäglichen Leben und eine neue Anstiftung zur Christusnachfolge beinhalten.

Zugleich wird dort, wo die Rückerinnerung an die Taufe den ihr zukommenden Platz im christlichen Bußbewußtsein zurückgewinnt, sein Grundakkord auf der Freude des neuen Lebens in Christus liegen, worauf der evangelische Theologe *Wolfhart Pannenberg* mit Recht hinweist: «Weil die Taufe unseren Tod schon vorweggenommen und in den Tod Christi versenkt hat, darum ist nun Platz im Leben des Christen für die Osterfreude.»[20] Nur wenn es der heutigen Pastoral gelingt, der Melodie der christlichen Buße den Notenschlüssel der österlichen Tauffreude zurückzugeben, besteht berechtigte Hoffnung, daß sich die gegenwärtige Not und Krise des kirchlichen Bußsakramentes in künftigen Segen verwandeln können.

2. Das Himmelsgeschenk der Absolution

Allererst unter diesem Vorzeichen der Tauffreude läßt sich zweitens auch das Evangelium von dem alle Grenzen sprengenden Erbarmen Gottes in seiner Absolution glaubwürdig profilieren, das in allen geschichtlichen wie gegenwärtigen Formen der Sündenvergebung verkündet und wirksam wurde. Doch an dieser Stelle erheben sich für den heutigen Christen neue Fragen: Wozu braucht der Mensch die kirchliche Vermittlung der verbindlichen Zusage seiner Versöhnung mit Gott? Kann denn die – gewiß unerläßliche! – zwischenmenschliche Konfliktbewältigung und Friedensstiftung nicht genügen?
Zwar geht der christliche Glaube in der Tat und mit

bestem Recht von der Überzeugung aus, daß in der zwischenmenschlichen Versöhnung Gott selbst mit im Spiel ist und Sünden vergibt. Trotzdem stellt sich, wie sich zeigen wird, die keineswegs nebensächliche Frage, ob der Mitmensch, an dem man schuldig geworden ist, als Adressat des menschlichen Sündenbekenntnisses allein zu genügen vermag. Genauerhin erhebt sich diese vordringliche Frage aus drei Gründen[21]:

- Im christlichen Verständnis stehen erstens Gott, seine Schöpfung und der Mensch in einem unlösbar *sakramentalen Verhältnis* zueinander. Deshalb erweist sich jede Versündigung des Menschen gegen die Schöpfung auch als eine Sünde gegen den Schöpfer, und deshalb erweist sich auch jede Sünde gegen einen anderen Menschen zugleich als Sünde gegen den Menschensohn, der sich gemäß dem Evangelium vom Weltgericht (Mt 25,32–46) mit den Menschen nicht nur solidarisiert, sondern sich geradezu mit ihnen identifiziert. Muß deshalb nicht bereits aus diesem Grunde Gott der eigentliche Adressat des menschlichen Sündenbekenntnisses sein?

- Im menschlichen Leben gibt es zweitens so viel überpersönliche, gleichsam «*strukturelle Sünde*», die es an den Tag bringt, daß die Menschen in einen weltweiten und universalen «erbsündlichen» Schuldzusammenhang verstrickt sind. Um nur ein heute besonders aktuelles und eklatantes Beispiel zu nennen: Was kann der einzelne Mensch dafür, daß in jeder zweiten Sekunde auf der Welt ein Kind sterben muß, und zwar deshalb, weil alle Welt ihr Geld nicht für die Ernährung der hungernden Kinder ausgibt, sondern für die weltweite militärische Aufrüstung? Wiewohl der einzelne Mensch gegen diese verbrecherische Veruntreuung der zu knapp gewordenen Lebensmittel letztlich nur wenig tun kann, hat er doch Verantwortung auf sich zu nehmen und das zu tun, was er kann. Des-

111

halb muß auch solche überpersönliche, erbsündenbedingte und strukturelle Schuld mit in das Sündenbekenntnis des einzelnen Menschen einfließen. Dann jedoch stellt sich ihm die bedrängende Frage, an wen er denn sein – durchaus ehrlich gemeintes – Schuldbekenntnis adressieren soll.

• Im persönlichen Leben des einzelnen Menschen ereignet sich drittens immer wieder auch ganz und gar persönliche Schuld gegenüber Mitmenschen, die aber die Vergebung nicht mehr zusprechen und nicht mehr verzeihen können: sei es, daß der betreffende Mensch nicht mehr zu erreichen ist, oder sei es gar, daß er gestorben ist. An wen soll man aber in solchen Situationen sein Sündenbekenntnis richten? Wen soll man um Verzeihung bitten? Und an wen soll man sich mit seiner Schuld wenden?

Genau diese überpersönliche Verstricktheit in den weltweiten Schuldzusammenhang und jene persönliche Schuld, die Menschen nicht mehr aufarbeiten können, lassen die Menschen mit ihrer Schuld allein und von ihrer Schuld nicht mehr loskommen. Und dies ist eine ungemein schreckliche Erfahrung. Zwar ist es gut und heilsam, daß Menschen ihre Schuld erkennen, zu ihr stehen und sich als Sünder identifizieren. Auf der anderen Seite aber ist es ungemein furchtbar, wenn Menschen sich dabei als Sünder erkennen müssen, die von ihrer Schuld nicht mehr loskommen können. Denn der harte Kern dieser Erfahrung besteht, wie der evangelische Theologe *Eberhard Jüngel* sensibel diagnostiziert, darin, daß, wer von seiner Schuld nicht mehr loskommt, letztlich «sich selber nicht mehr los» wird, sondern «sein eigener Gefangener» ist – und bleiben muß[22]. In dieser Situation bleibt das schlechte Gewissen des Menschen mit sich selbst allein. Dann dreht sich alles im Kreis, und zwar in einem furchtbar teuflischen Kreis. Und dieser Kreis, in dem das menschliche Ich bei allem, was es tut und erlebt, nur sich selber und seiner eigenen Schuld begegnet, stellt sich als der schrecklichste aller Teufelskreise heraus. Denn in diesem Teufelskreis des mit der eigenen Schuld Alleingelassenseins und dem eigenen schlechten Gewissen Preisgegebenseins wird das Leben des Menschen gespenstisch einsam.

In dieser bedrängenden Lebenssituation des Menschen erweist es sich als heilsam und rettend, wenn Gott in dieses Gefängnis der Schuld, das der Mensch sich selbst geworden ist, einbrechen und diese gespenstische Einsamkeit aufbrechen wird. Es kommt einer grandiosen Rettung aus dem grausamen Teufelskreis, mit der eigenen Schuld allein sein zu müssen, gleich, wenn Gott ihn mit dem fröhlichen Engelskreis seiner Sündenvergebung überwinden wird. Es ist ein «herrliches Geschenk des Himmels»[23], wenn Gott selbst die Menschen von ihrer Schuld freisprechen und alles daran setzen wird, damit sie von ihrer Schuld und damit von sich selbst loskommen können und nicht mehr ihre eigenen Gefangenen im erbarmungslosen Schuldgefängnis bleiben müssen. Eben deshalb aber kann, wie *Peter Henrici* mit bestem Recht bemerkt, allein Gott der «universale Gesprächspartner» sein, «dem gegenüber ich in jedem Fall Reue empfinden kann und muß und an den ich mich in jedem Fall mit der Bitte um Vergebung wenden kann»[24].

3. Sakramentale Vergegenwärtigung des Gnadengerichts Gottes

Bei dieser urmenschlichen Sehnsucht nach dem lösenden Wort der göttlichen Vergebung der Schuld handelt es sich allerdings nicht um einen unerfüllbaren und deshalb traurigen Wunschtraum. Daß sie vielmehr eine tiefe Befriedigung finden kann, darin liegt die tröstliche Verheißung des kirchlichen Bußsakramentes. Und es macht die Gratuität der christlichen Kirche und im speziellen des priesterlichen Dienstes aus, daß sie dieses Geschenk des Himmels den Menschen wirksam zusprechen dürfen. Daß dieses Geschenk des Himmels jedoch heute weithin nicht mehr als solches erfahren wird, hängt mit einer weiteren Hypothek der traditionellen Bußlehre der katholischen Kirche zusammen, die vor allem bei heutigen Christen auf ein völliges Mißverständnis zu stoßen pflegt: Spätestens seit dem Konzil von Trient spricht das Lehramt der katholischen Kirche von einem «Richteramt» des Beichtvaters und dementsprechend von der Absolution als einem richterlichen Akt («actus iudicialis»). Im heutigen Problemkontext stellt sich aber die keineswegs leicht zu beantwortende Frage, worin der genaue Sinn dieses Verständnisses des Bußsakramentes liegt und wie er sich heutigen Christen vermitteln läßt.

An *erster* Stelle ist darauf hinzuweisen, daß gemäß dem Bußdekret des Tridentinums dieser richterliche Akt nicht sensu stricto, sondern sensu analogo zu verstehen ist, wie im sechsten Kapitel ausdrücklich betont wird: «Obwohl aber die Lossprechung des Priesters die Ausspendung einer fremden Wohltat ist, so ist sie dennoch nicht nur der bloße Dienst, das Evangelium zu verkünden oder zu erklären, daß die Sünden vergeben sind: vielmehr ‹wird sie vollzogen› *nach Art* eines richterlichen Aktes, durch den von ihm selbst zu einem Richter der Urteilsspruch verkündet wird.»[25] Mit Recht hat sich deshalb auch Papst *Johannes Paul II.* in seinem Apostolischen Schreiben «Reconciliatio et poenitentia» auf diese Aussage des Konzils von Trient berufen, wenn er betonte, «die Art von Gerichtsverfahren», die im Bußsakrament vollzogen wird, sei «mit menschlichen Gerichten nur in analoger Weise vergleichbar»[26].
Zweitens ist der Hinweis darauf mehr als angebracht, daß katholische Beichtväter darum wissen, auf jeden Fall darum wissen sollten, daß ihre Aufgabe im Beichtstuhl nicht darin bestehen kann, über den Poenitenten zu «richten», sondern vor allem darin, ihn seelsorgerlich aufzurichten. Dies aber bedeutet, daß der *actus iudicialis* der Absolution immer ein

actus pastoralis ist und sein muß. Insofern ist die Absolution im Sinne eines richterlichen Aktes dahingehend zu verstehen, daß die – theologisch monströse – Vorstellung kategorisch ausgeschlossen ist, im Bußsakrament würde eine menschliche Instanz, konkret: ein Amtsträger der Kirche, darüber entscheiden können, ob einem Menschen die Sündenvergebung Gottes zugesprochen oder verweigert werde. Eine solche Vorstellung käme nämlich einem willkürlichen Verfügen-Wollen der Kirche über die göttliche Absolutionsmacht gleich.

Der indispensable Sinn des Richteramtes des Beichtvaters kann allein darin wahrgenommen werden, daß der Priester mit der Vergebung der Sünden, die er dem Poenitenten im Namen des dreieinen Gottes zusprechen darf, diesen zugleich unter das Gericht Gottes stellt, und zwar notwendigerweise deshalb, weil das Gericht Gottes die wesentlich andere Seite seiner Sündenvergebung darstellt, ohne die die Absolution Gottes ihren letzten Ernst einbüßen müßte. Insofern läßt sich die richterliche Dimension der Absolution im kirchlichen Bußsakrament nicht im Sinne der Ähnlichkeit mit einem weltlichen Gerichtsverfahren verstehen, sondern als sakramentale Vergegenwärtigung des Gnadengerichtes Gottes selbst, worauf der katholische Dogmatiker *Herbert Vorgrimler* mit Recht hinweist: «Im Bußsakrament ist noch etwas erhalten vom Distanzierungsverfahren der Alten Kirche, aber die Kirche kann sich nur von der Sünde, nicht vom Sünder distanzieren, da es sich um ihre ureigene Schuld handelt. Wenn sie das Bekenntnis der Sünden entgegennimmt und das Versöhnungswort Gottes ausrichtet, hält sie nicht Gericht als richterlichen Akt von Menschen. Das Bußsakrament ist das wirksame Gedächtnis des Gnadengerichts Gottes, in dem die Liebe des Vaters durch den Sohn und wegen des Sohnes im Heiligen Geist die menschliche Schuld hinwegnimmt.»[27]

Indem die sakramentale Vergegenwärtigung des Gnadengerichts Gottes den letzten Ernst des christlichen Lebens überhaupt signalisiert, vermag gerade das Bußsakrament die Christen in neuer Weise auf die Anfänge des Verstehens im christlichen Glauben zurückzuführen. Auf diese Anfänge des Verstehens sind wir heute ohnehin zurückgeworfen, auch und gerade in der katechetischen Praxis. Zugleich sind wir damit berufen und verpflichtet, diese kritische Situation auch als Chance des Aufbruchs zu neuen Ufern zu verstehen und zu bewähren, und zwar nicht nur in der beruflichen Arbeit, sondern auch und zuerst in der eigenen christlichen Glaubensexistenz im Lebensraum der katholischen Kirche.

Anmerkungen

1 Vortrag bei dem von der Schweizer Katecheten-Vereinigung durchgeführten Seminar in Quarten am 21. September 1994

2 K. Lehmann, Evangelium und Dialog. Ermutigender Rückblick 25 Jahre nach Abschluß des Zweiten Vatikanischen Konzils, in: E. Kleindienst und G. Schmuttermayr (Hrsg.), Kirche im Kommen. Festschrift für Bischof Josef Stimpfle (Frankfurt a. M. 1991) 401–422, zit. 414.

3 F. Nikolasch, Berechtigte Vielfalt. Plädoyer für eine erneuerte Bußliturgie, in: Gottesdienst 18 (1984) 35.

4 K. Rahner, Beichtprobleme, in: Schriften zur Theologie (Einsiedeln 1956) 227–245, zit. 228.

5 Ebda. 229–230.

6 Vgl. W. Pannenberg, Systematische Theologie. Band 2 (Göttingen 1991), bes. 441–511: 11. Kapitel: Die Versöhnung der Welt.

7 Hermas, Der Hirte, in: H. Karpp (Hrsg.), Die Buße. Quellen zur Entstehung des altkirchlichen Bußwesens (Zürich 1969) 64 ff.

8 Th. Schneider, Zeichen der Nähe Gottes. Grundriß der Sakramententheologie (Mainz 1979) 202.

9 Zit. bei Th. Schneider, a. a. O. (vgl. Anm. 8) 202.

10 DS 812.

11 DS 1680.

12 H. Vogel, Buße als ganzheitliche Erneuerung. Praktisch-theologische Perspektiven einer zeitgemäßen Umkehrpraxis. Dargestellt am Fastenopfer der Schweizer Katholiken (Freiburg/Schweiz 1990) 11. Für die pointierte Bezeichnung der Beichte als «Bußumgehungssakrament» bezieht sich Vogel auf P. M. Zulehner, Umkehr: Prinzip und Verwirklichung. Am Beispiel Beichte (Frankfurt a. M. 1979) 102.

13 DS 1540.

14 DS 1672.

15 Die Bekenntnisschriften der Evangelisch-Lutherischen Kirchen = BSELK (Göttingen 1976) 704.

16 Ebda. 707.

17 Ebda. 699–700.

18 Vgl. K. Koch, Vom Tod zum Leben übergegangen: Auferstehung und Taufe, in: Diakonia 22 (1991) 33–38.

19 Vgl. dazu W. Kirchschläger, Was bedeutet: Jesus Christus hat uns erlöst? Von der überwältigenden Liebe Gottes, in: Ders. (Hrsg.), Das Phänomen des Bösen. Beiträge zu einem theologischen Problem (Luzern/Stuttgart 1990) 97–113.

20 W. Pannenberg, Christliche Spiritualität. Theologische Aspekte (Göttingen 1986) 56.

21 Vgl. auch K. Koch, Erfahrungen der Zärtlichkeit Gottes. Mit den Sakramenten leben (Zürich 1990), bes. 131–144: Kostbarer Edelstein der Vergebung.

22 E. Jüngel, Unterbrechungen. Predigten IV (München 1989) 150.

23 A. Rotzetter, Bemerkungen zum Thema Schuld und Bekehrung, in: Ders., Leidenschaft für Gottes Welt. Aspekte einer zeitgemäßen Spiritualität (Zürich 1988) 149–157.

24 P. Henrici, ‹...wie auch wir vergeben unseren Schuldigern›. Philosophische Überlegungen zum Bußsakrament, in: Ders., Glauben – Denken – Leben. Gesammelte Aufsätze (Köln 1993) 119–139, zit. 130.

25 DS 1685.

26 Johannes Paul II., Reconciliatio et poenitentia, Nr. 31. II.

27 H. Vorgrimler, Sakramententheologie (Düsseldorf 1987) 245.

KURT KOCH

Menschliche Schulderfahrung und Sakrament der Buße

Vielfältige Angebote auf eine differenziert gewordene Nachfrage[1]

Weiterentwicklungen und sogar Paradigmenwechsel in der Wissenschaft erfolgen nicht selten dadurch, daß Theorien, die frühere Generationen für immer widerlegt geglaubt haben, wieder aufgegriffen, neu überdacht und schließlich akzeptiert werden. Das berühmteste und geschichtswirksamste Beispiel dafür ist die Wiederaufnahme der heliozentrischen Theorie des Sonnensystems durch Kopernikus und Galilei. Denn diese Theorie wurde erstmals in der Antike vom griechischen Astronomen *Aristarchos von Samos* entwickelt. Sie wurde aber zu Beginn der christlichen Epoche zugunsten des geozentrischen Modells des Ptolemäus verworfen. Als vor 450 Jahren *Nikolaus Kopernikus* und in seiner Nachfolge *Galilei* das heliozentrische Weltbild wiederaufgriffen, stießen sie auf energischen Widerstand, und zwar nicht nur auf seiten Roms, sondern auch, was freilich historisch vergessen oder verdrängt ist, beim Reformator *Martin Luther*. Er schalt Kopernikus einen Narren und höhnte, dieser wolle die gesamte Wissenschaft der Astronomie «umkehren».[2] Demgegenüber waren sich Kopernikus und vor allem Galilei durchaus bewußt, daß es sich bei der kopernikanischen Theorie um ein in der Antike verworfenes Modell handelt. Der amerikanische Physiker *Frank J. Tipler* redet deshalb treffend von einem «reaktionären Rückschritt», der sich allerdings als ungeheurer Fortschritt herausgestellt hat[3].

I. Wiederentdeckung der kirchlichen Dimension der Buße

Wozu diese historische Erinnerung im Zusammenhang einer Erörterung des kirchlichen Bußsakramentes? Sie sei hier schlicht deshalb an den Anfang gestellt, um für die Erkenntnis zu sensibilisieren, daß es sich auch bei den Bemühungen des Zweiten Vatikanischen Konzils für eine umfassende Reform des Bußsakramentes um einen «reaktionären Rückschritt», der aber ebenfalls in die Zukunft weisen sollte, handelte. Denn die Konstitution über die heilige Liturgie formulierte im Blick auf das Bußsakrament als Reformprogramm: «Ritus und Formeln des Bußsakramentes sollen so revidiert werden, daß sie Natur und Wirkung des Sakramentes deutlicher ausdrücken.»[4] Dabei macht es das besondere Verdienst des Konzils aus, daß es den im Laufe der Kirchengeschichte weithin ausgeblendeten kirchlichen Charakter der Buße und der sakramentalen Absolution wiederentdeckte, indem es von ihr in der Dogmatischen Konstitution über die Kirche betonte: «Die aber zum Sakrament der Buße hinzutreten, erhalten für ihre Gott zugefügten Beleidigungen von seiner Barmherzigkeit Verzeihung und werden zugleich mit der Kirche versöhnt (*simul* reconciliantur cum ecclesia), die sie durch die Sünde verwundet haben und die zu ihrer Bekehrung durch Liebe, Beispiel und Gebet mitwirkt.»[5]

Diese kirchliche Dimension der sakramentalen Absolution in

der Buße ist allerdings in der katholischen Theologie bereits lange vor dem Konzil wiederentdeckt worden. Bereits im Jahre 1922 hatte der spanische Karmelit *Xiberta* herausgearbeitet, die *pax cum ecclesia* sei die konkrete sakramentale Gestalt der *pax cum Deo*[6]. Vor allem aber *Henri de Lubac* profilierte die Einsicht, die Wirksamkeit des Bußsakramentes ähnlich wie diejenige der Taufe zu erklären: «Nicht minder deutlich ist auch hier der Zusammenhang zwischen der sakramentalen Vergebung und der Wiederaufnahme in die Gemeinschaft, von der sich der Sünder durch seine Schuld abgesondert hatte. Nicht bloß faktisch sind hier disziplinare Einrichtung und Werkzeug der inneren Reinigung miteinander verbunden, sie sind es, wie man wohl sagen muß, durch die Natur der Sache. Die Disziplin der Urkirche brachte diese natürliche Verbindung eindringlicher zum Ausdruck. Der ganze Vorgang der öffentlichen Buße und Absolution zeigte deutlich, daß die Wiederversöhnung des Sünders zunächst eine solche mit der Kirche ist, und daß diese das wirksame Zeichen der Wiederversöhnung mit Gott darstellt.[7]» Diese wegweisenden und an die Bußpraxis der Alten Kirche erinnernden Perspektiven Henri de Lubacs haben nicht nur das theologische Gespräch über das Bußsakrament in der jüngeren Vergangenheit maßgeblich befruchtet, sondern sie haben de Lubac auch unerfreuliche kirchenamtliche Verdächtigungen eingebracht. Von diesen her jedoch läßt sich ermessen, welches große Verdienst dem Zweiten Vatikanischen Konzil zukommt, als es genau jene theologischen Perspektiven aufgriff, derentwegen de Lubac früher heftig angefeindet wurde.

In seinem Kommentar zur Dogmatischen Konstitution über die Kirche urteilt deshalb *Aloys Grillmeier* mit Recht: «Zum ersten Male wird in einem konziliaren Dokument der ekklesiologische Aspekt der sakramentalen Buße mit Rückgriff auf die altkirchliche Bußpraxis ausgesprochen. Von der Sünde des einzelnen Christen wird nicht nur dessen Beziehung zu Gott betroffen, sondern auch sein Verhältnis zur Kirche, auch wenn die Verfehlung äußerlich nicht gegen die Gemeinschaft als solche gerichtet ist».[8] Diese konziliare Profilierung der kirchlichen Dimension der Buße wie der Absolution impliziert genauerhin, daß erstens die Kirche als ganze stets der Buße und der Erneuerung bedarf und daß folglich der Geist der Buße ihr Leben durchgängig prägen muß. Es ist damit zweitens aber auch gemeint, daß im konkreten Bußgeschehen die Kirche nicht allein durch die Absolution des Priesters beteiligt und engagiert ist. Vielmehr wirkt die *ganze* Kirche «als das priesterliche Volk beim Werk der Versöhnung, das ihr von Gott anvertraut worden ist, auf verschiedene Weise mit.» So hält die neue Ordnung der Buße «Ordo poenitentialis» ausdrücklich fest, der die Aufgabe zukam, die vom Konzil angeregte Reform des Bußsakramentes konkret zu verwirklichen und zu regeln[9].

Dieser neue Ordo trägt bewußt nicht den Titel «Ordo sacramenti poenitentiae», sondern «Ordo poenitentialis». Damit wird nicht nur der umfassendere Charakter der Buße überhaupt vor dem Bußsakrament herausgestrichen, sondern es sollte vor allem zum Ausdruck gebracht werden, daß es neben dem Bußsakrament, das gemäß der großen Tradition der katholischen Kirche als der *außerordentliche* Weg der Sündenvergebung und der Versöhnung gilt, auch andere und gleichsam *ordentliche* Formen der wirksamen Buße gibt und daß der Christ auch außerhalb des Bußsakramentes das Geschenk der göttlichen Absolution empfangen kann.

II. Vielfältige Wege der Sündenvergebung

Diese verschiedenen Formen der Sündenvergebung im Leben der Kirche sich zu vergegenwärtigen, empfiehlt sich gerade dann, wenn man sich um eine glaubwürdige Erneuerung des Bußsakramentes bemüht. Der Edelstein des christlichen Glaubens, das Evangelium von der Sündenvergebung durch das grenzenlose Erbarmen Gottes, soll nämlich in der heutigen pastoralen Situation in neuer Weise zum Funkeln gebracht werden können, drängt sich an allererster Stelle das theologische Postulat auf, jene Wege der Buße und der Sündenvergebung nicht aus dem kirchlichen Bewußtsein zu verlieren oder weiterhin theologisch zu nivellieren, sondern neu zu profilieren, die in der Ökologie des kirchlichen Lebens außerhalb des expliziten Bußsakramentes angesiedelt und bereits in der biblischen Botschaft greifbar sind. Denn man leistet der Notwendigkeit und Glaubwürdigkeit des Bußsakramentes einen schlechten Dienst, wenn dieser außerordentliche Weg der Sündenvergebung zum ordentlichen, selbstverständlichen oder gar einzigen hochstilisiert und die Vielfalt der Gestalten der Sündenvergebung verdunkelt wird.

- Der zweifellos alltäglichste Weg der Versöhnung und Sündenvergebung besteht unter Christen in der *brüderlich-schwesterlichen Zurechtweisung*, wie sie der Evangelist Matthäus in seiner Gemeinderegel (Mt 18,15–20) exemplarisch entfaltet hat. Für den christlichen Glauben versteht es sich nämlich von selbst, daß überall dort, wo Christen einander auf ihre Schuld ansprechen und sie sich gegenseitig vergeben, Gott selbst mit seiner Gnade der Versöhnung mit im Spiel ist und Schuld vergibt. Ebenso versteht es sich von selbst, daß auf keinen Fall, auch und gerade im Bußsakrament nicht, Versöhnung mit Gott erreicht werden kann hinter dem Rücken jener Menschen, denen gegenüber man schuldig geworden ist.
- Von der geschwisterlichen Zurechtweisung her ist es nur ein kleiner Schritt zu einem zweiten Weg der Versöhnung und der Sündenvergebung, der im fürbittenden *Gebet* für den schuldig gewordenen Mitmenschen besteht. Seine befreiende und Sünden lösende Kraft liegt vor allem darin, daß es sogar Menschen, die als «Feinde» definiert sind, in Brüder und Schwestern zu

verwandeln vermag. Es ist deshalb kein Zufall, daß Jesus in der Bergpredigt seine Verpflichtung zur Feindesliebe mit der weiteren Zumutung präzisiert und motiviert: «Betet für die, die euch verfolgen» (Mt 5,44). In der Tat verhilft das Gebet dazu, den schuldig gewordenen Menschen mit neuen Augen, gleichsam mit den Augen Gottes, zu betrachten, und es erweist sich in diesem Sinn als elementare «Intensivstation» der Versöhnung und der Sündenvergebung[10].

• Der für den christlichen Glauben ordentliche, selbstverständliche und wohl entscheidendste Weg der Versöhnung und der Sündenvergebung ist die Feier der *Eucharistie*, die gemäß dem Einsetzungsbericht der einmaligen Versöhnungstat Gottes in Jesus Christus geschichtliche Dauer verleiht, und zwar als Sakrament seines für alle dahingegebenen Leibes und seines zur «Vergebung der Sünden» vergossenen Blutes. Was sich somit in der Eucharistiefeier in ihrem ganzen Vollzug ereignet, nämlich die Vergegenwärtigung der im Kreuzestod Jesu gewirkten Versöhnung Gottes mit den Menschen, dies wird denn auch ausdrücklich wahrnehmbar im Bußakt und in der Absolution zu Beginn jeder Eucharistiefeier.

III. Sakramentale Formen der Sündenvergebung

Vergegenwärtigt man sich diese vielfältigen ordentlichen Wege der Sündenvergebung, beginnt man zu verstehen, warum es auch dem neuen «Ordo poenitentialis» nicht bloß um die Erneuerung einer Form des Bußsakramentes geht. Er sieht vielmehr drei Formen der sakramentalen Absolution vor, die es näher zu betrachten gilt[11]:

• Die erste Form ist die Feier der Versöhnung für den

einzelnen Poenitenten. Dabei handelt es sich im Grunde um die erneuerte Gestalt der traditionellen Einzelbeichte. Diese soll aber wirklich eine Feier der Kirche sein und deshalb auch eine liturgische Form haben. Ebenso wollen die in dieser Feier vorgesehene Schriftlesung und das klärende, wegweisende und ermutigende Beichtgespräch den Vorrang des theologisch-pastoralen Charakters vor dem juridischen Aspekt der Beichte zum Ausdruck bringen.

- Die zweite Form der gemeinsamen Feier der Versöhnung mit Bekenntnis und Absolution für einzelne Poenitenten stellt eine Kombination von Einzelbeichte und gemeinsamer Bußfeier dar, und zwar dadurch, daß das persönliche Sündenbekenntnis und die sakramentale Absolution in einen Wortgottesdienst eingebettet sind, der sowohl der gemeinsamen Vorbereitung der Einzelbeichte als auch der gemeinsamen Danksagung dienen soll. Diese Form einer gemeinschaftlichen Feier trägt zweifellos viel dazu bei, die kirchlich-liturgische Dimension des Versöhnungsgeschehens im Bußsakrament zu verdeutlichen. Diese Form scheint aber in der katholischen Kirche in der Schweiz völlig unbekannt zu sein, da man sich sofort auf die dritte Form konzentriert und daran gleichsam festgebissen hat.

- Diese dritte Gestalt einer gemeinschaftlichen Feier der Versöhnung mit allgemeinem Sündenbekenntnis und sakramentaler Generalabsolution unterscheidet sich von der zweiten vor allem dadurch, daß das persönliche Sündenbekenntnis des einzelnen Poenitenten ersetzt ist durch ein allgemeines Bekenntnis und daß die Absolution allen Poenitenten gemeinsam zugesprochen wird. Dabei handelt es sich allerdings gemäß den römischen Weisungen um die Regelung von Ausnahmesituationen, analog beispielsweise zu den bereits während des Zweiten Weltkrieges praktizierten Generalabsolutionen. Denn erlaubt ist diese Form nur

bei Todesgefahr oder bei einer «schwerwiegenden Notwendigkeit».

Die Entscheidung darüber, ob eine solche «schwerwiegende Notwendigkeit» gegeben ist, wird dabei in die
Kompetenz des Diözesanbischofs, freilich nach Bera-
tung mit den anderen Mitgliedern der jeweiligen
Bischofskonferenz, gelegt, und zwar aus dem ein-
leuchtenden Grund, daß in den einzelnen Ortskirchen
recht unterschiedliche Verhältnisse gegeben sind. Hier
liegt es denn auch begründet, warum die verschiedenen Bischofskonferenzen unterschiedliche Lösungen
getroffen haben. So haben beispielsweise die chile-
nischen und kolumbianischen Bischöfe entschieden,
wegen des großen Priestermangels die sakramentale
Generalabsolution regelmäßig zu erteilen. Die franzö-
sischen Bischöfe haben als «schwerwiegende Notwendigkeit» den großen Zustrom von Beichtenden an
hohen Festtagen und an Wallfahrtsorten anerkannt.
Und während die Bischofskonferenzen in Deutschland
und Österreich eine solche «schwerwiegende Notwendigkeit» für ihre Ortskirchen als nicht gegeben – abgesehen von der Situation der Todesgefahr – betrachten,
haben demgegenüber die Schweizer Bischöfe festgestellt, daß diese pastorale Notlage in ihrem Land
gegeben ist, und zwar vor allem in den Vorberei-
tungszeiten auf Weihnachten und Ostern.

IV. Pastoraler «Zweifrontenkrieg» um das Bußsakrament

Hier liegt denn auch der Grund, warum in den meisten
Pfarreien der deutschsprachigen Schweiz zweimal im
Jahre solche Bußfeiern gehalten werden, die sich großer
Beliebtheit erfreuen. Dies ist zweifellos eine schöne Ent-
wicklung, die man nur begrüßen kann. Unerfreulich hin-

gegen ist jener pastorale «Zweifrontenkrieg», der auch und gerade in der katholischen Kirche in der Schweiz um das Bußsakrament entstanden ist und der auch heute klar umrissene Konturen und Fronten aufweist:

- Auf der einen Seite haben viele Katholiken, die die gemeinsamen Bußfeiern mit sakramentaler Generalabsolution freudig begrüßt haben, diese weitgehend als Ersatz und Alternative für die Einzelbeichte verstanden und damit den Zugang zum persönlichen Beichtgespräch, mit dem sie seit längerer Zeit schon Mühe gehabt haben, noch mehr verloren. Auf jeden Fall ist für viele Katholiken gerade in der Schweiz die Bußfeier mit sakramentaler Generalabsolution beinahe exklusiv zur einen Gestalt des Bußsakramentes geworden, mit der sie die Einzelbeichte endgültig hinter sich gelassen haben. Einzelne stehen sogar in der Gefahr, das Bußsakrament eingleisig mit der Bußfeier zu identifizieren. Symptomatisch dafür war für mich ein Erlebnis in der vergangenen Karwoche: Eine Frau, die die Gelegenheit der pfarreilichen Bußfeier verpaßt hatte, rief im Pfarrhaus, in dem ich während der Aushilfe wohnte, an und erkundigte sich, ob noch eine zweite Bußfeier gehalten werde. Da ich dies verneinen mußte, lud ich sie zu einem Beichtgespräch ins Pfarrhaus ein. Sie aber stellte die ganz spontane und in dieser Direktheit natürlich verräterische Rückfrage, ob denn ein Beichtgespräch genauso gültig sei wie die Bußfeier. Diese Entwicklungen sind keineswegs als erfreulich zu bezeichnen. Doch sie scheinen für die katholische Kirche in der Schweiz signifikant zu sein. Denn was hier heute als «Notfall» eingeführt wird, pflegt schon morgen zum selbstverständlichen «Normalfall» zu werden. Demgegenüber müßte es aber zu denken geben, daß der keineswegs im Ruf der Konservativität stehende Wiener Pastoraltheologe *Paul M. Zulehner* immer wieder die kritische Rückfrage an die Bußpastoral in der katholischen Kirche in der Schweiz stellt, ob mit der hier üblich gewordenen Konzentration auf die Bußfeiern mit sakramentaler Generalabsolution nicht doch der individuelle Umkehrprozeß des einzelnen Katholiken behindert oder gar verunmöglicht werde.

• Auf der anderen Seite jedoch jene katholischen Christen und Kirchenleitungen, denen die Rettung der Einzelbeichte – mit Recht! – am Herzen liegt, nicht selten in der Gefahr, die sakramentalen Bußfeiern als theologisch unmöglich zu erklären oder in ihrer pastoralen Sinnhaftigkeit zu denunzieren. Sie pflegen sich dabei zumeist auf das Konzil von Trient zu berufen, das das persönliche, detaillierte und vollständige Einzelbekenntnis, das in der gemeinsamen Bußfeier aber gerade entfällt und durch ein kollektives Schuldbekenntnis ersetzt ist, verbindlich vorgeschrieben hat, und zwar aufgrund «göttlichen Rechts»: «Aus der schon erläuterten Einsetzung des Bußsakramentes hat die gesamte Kirche immer ersehen, daß vom Herrn auch das vollständige Bekenntnis der Sünden eingesetzt wurde, und daß es für alle nach der Taufe Gefallenen nach göttlichem Recht notwendig ist, weil unser Herr Jesus, als er von der Erde zu den Himmeln hinaufstieg, die Priester als seine eigenen Stellvertreter zurückließ, als Vorsteher und Richter, vor die alle Todsünden gebracht werden sollen, in die die Christgläubigen gefallen sind, damit sie aufgrund ihrer Schlüsselgewalt den Urteilsspruch der Vergebung oder Behaltung der Sünden verkünden.»[12]

Was ist zu dieser auf den ersten Blick unmißverständlichen Forderung theologisch zu sagen? Nicht nur der Blick in die Kirchengeschichte, sondern auch eine differenzierte Interpretation des Konzils von Trient können zeigen, daß diese Argumentation nicht stichhaltig ist. Da an dieser Stelle aber die genaue Begründung nicht gegeben werden kann[13], muß der Hinweis auf zwei Urteile von kompetenten Fachleuten genügen: Der katholische Kirchenhistoriker *Hubert Jedin*, ohne Zweifel einer der ausgewiesensten Kenner des Tridentinums, ist zur Überzeugung gelangt, daß weder die Schriftargumente des Konzils noch seine Beweisführungen aus der Tradition dazu berechtigen, in der konziliaren Forderung des Einzelbekenntnisses der schweren Sünden eine unabänderliche Bestimmung göttlichen Rechts zu erblicken. In ähnlich differenzierter Weise urteilt auch der umsichtige katholische Münchener Dogmatiker *Josef Finkenzeller* aufgrund seiner dogmengeschichtlichen Forschungen: «Kraft göttlichen Rechts gehört zum Wesen des Sakramentes das Sündenbekenntnis. Die nähere Gestalt des Bekenntnisses war im Laufe der Geschichte verschieden und kann auch weiterhin verschieden sein. Die Entscheidung über die konkrete Art des Sündenbekenntnisses steht der Kirche zu.»[14] Genauerhin impliziert dieses Urteil, daß sich von der katholischen Dogmatik her keine prinzipiellen Einwände gegen die sakramentale Qualifizierung von gemeinsamen Bußfeiern mit kollektivem Sündenbekenntnis und Generalabsolution ergeben müssen.

Als ebensowenig stichhaltig erweist sich aber auch die Befürchtung von Kirchenleitungen, die gemeinsamen Bußfeiern würden die Ernsthaftigkeit des Bekenntnisses und der Umkehr mindern und sie stellten gleichsam den leichteren Weg der Sündenvergebung dar. Hinter diesem (Vor-)Urteil dürfte sich aber nicht eine allzu große Meinung vom Glaubensernst der Umkehrwilligen, die sich zur kirchlichen Bußfeier versammeln, verbergen. Vielmehr wird dieser Glaubensernst offensichtlich nur dort als garantiert gesehen, wo das Schuldbekenntnis des Poenitenten durch den Beichtvater beurteilt werden kann, was selbstredend nur in der Einzelbeichte möglich ist. Doch davon abgesehen dürfte es in diesem Zusammenhang nicht uninteressant sein, daran zu erinnern, daß bereits der mittelalterliche Franziskanertheologe *Duns Scotus* umgekehrt gerade die Beichte als den «leichteren Weg» bezeichnet hat, die außersakramentale Sündenvergebung auf dem Weg der «vollkommenen Reue» hingegen als den schwierigeren und anspruchsvolleren Weg. Dahinter steht die noch bis ins Mittelalter vertretene Überzeugung von der sündentilgenden Kraft der Reue selbst, die erst im 13. Jahrhundert durch die Lehre von der ursächlichen Einwirkung der priesterlichen Absolution auf die Tilgung der Schuld bei Gott abgelöst wurde[15].

V. Sündenvergebung in unterschiedlichen Lebenssituationen

Dieser in kurzen Zügen diagnostizierte pastorale «Zweifrontenkrieg», der in der gegenwärtigen Situation der katholischen Kirche um das Bußsakrament herrscht, erweist sich ohne jeden Zweifel als unheilvoll. Versucht man nämlich, ihn genauer ins Visier zu nehmen, wird sofort deutlich, daß beide Seiten derselben, freilich spiegelverkehrten, Versuchung verfallen, Einzelbeichte und Bußfeier gegeneinander auszuspielen, so daß sich einmal mehr die alte Weisheit bestätigt, daß sich die Extrempositionen einander sehr nahekommen: Les extrèmes se touchent – et se battent! Damit jedoch wird aus dem gläubigen Bewußtsein ausgeblendet, daß sich das Bußsakrament in verschiedenen Formen ereignen kann und daß sich diese Formen unterschiedlichen Lebenssituationen des Christen sinnvollerweise zuordnen lassen. Dieser glaubensanthropologische Ansatz dürfte in der heutigen Problemsituation gewiß hilfreicher sein als eine allein kirchenrechtlich-kasuistische Behandlung der Frage nach der Gültigkeit der verschiedenen Formen des Bußsakramentes.

1. Bußfeier der Kirche

Wiewohl das universalkirchliche Lehramt Bußfeiern mit sakramentaler Generalabsolution nur in Situationen einer «schwerwiegenden Notwendigkeit» erlaubt, könnte doch gerade diese Form des Bußsakramentes, die in der Tradition der öffentlichen Buße in der Alten Kirche steht, dessen kirchlich-öffentliche Dimension am deutlichsten und am sichtbarsten zum Ausdruck bringen und damit die vom Zweiten Vatikanischen Konzil intendierte Reform in die Tat umsetzen. Denn im Unterschied zur persönlichen Einzelbeichte, in der der einzelne Christ sich selbst vor Gott mit seiner individuellen Schuldgeschichte konfrontiert, dient die gemeinsame Bußfeier vor allem dem Bewußtwerden dessen, daß die ganze Kirche aus Sündern besteht und daß sie als sündige Kirche vor Gott steht. Dies kann freilich nur gelingen, wenn in der gemeinsamen Bußfeier auch die kirchlichen, gemeindlichen und parochialen Sünden beim Namen genannt und bekannt werden, genauerhin jenes Versagen, das die christliche Gemeinde sich selbst vorzuwerfen hat, und zwar sowohl in innerkirchlicher als auch in gesellschaftlich-politischer Hinsicht. Denn nur auf diesem Wege vermag die gemeinsame Bußfeier wirklich zu einer Bußfeier *der* Kirche zu werden.

Ohne Zweifel wird man aber zugeben müssen, daß die bisherige Praxis diese notwendige Sinnhaftigkeit der kirchlichen Bußfeier noch viel zuwenig eingeholt hat. Der allgemeinen Erfahrung nach präsentieren sich die meisten Bußfeiern als bloße Transponierungen des Beichtspiegels für den einzelnen Christen auf die ganze Gemeinde. Demgegenüber vermögen sie aber ihre kirchliche Dimension nur dann wiederzugewinnen und einzulösen, wenn sie sich noch vermehrt einbinden in die Tradition öffentlichen Buße in der Alten Kirche und wenn sie, mit dem emeritierten Luzerner Pastoraltheologen *Josef Bommer* gesprochen, jene «Anliegen, die dort im Vordergrund standen, hintergründig» wahrnehmen[16].

Wird dies versucht, stellt sich allerdings erst recht die angesichts der kirchenamtlichen Weisungen dornenvolle Frage nach der genaueren sakramentalen Qualität von gemeinsamen Bußfeiern mit Generalabsolution. Auf diese Frage näher einzugehen ist hier freilich wiederum nicht der Ort. Es muß vielmehr genügen, auf das differenzierte Urteil von *Josef Finkenzeller* zu verweisen, der die Frage nach dem eigentlichen Unterscheidungsmerkmal zwischen einer sakramentalen Bußfeier mit Generalabsolution und einer nichtsakramentalen

Bußfeier dahingehend beantwortet hat: «Der streng dogmatische Unterschied zwischen einer sakramentalen Generalabsolution und einem für sakramental erklärten Bußgottesdienst besteht ja nur darin, daß im ersten Fall das Nachholen des Sündenbekenntnisses gefordert wird, soweit dies moralisch möglich ist, im letzten Fall hingegen das allgemeine Sündenbekenntnis für hinreichend erachtet würde. Wenn aber nach den Bestimmungen der Kirche die Generalabsolution letzten Endes nur dort für erlaubt angesehen wird, wo unter Berücksichtigung aller konkreten Umstände in den meisten Fällen ein späteres individuelles Sündenbekenntnis ausscheidet, so besteht eben in der seelsorgerlichen Praxis eigentlich kaum mehr ein Unterschied.»[17]

2. Beichtgespräch des einzelnen Katholiken

Im Unterschied zur Bußfeier der Kirche entspricht die individuelle sakramentale Absolution und damit die Einzelbeichte der eher innengesteuerten Schulderfahrung des heutigen Menschen in seinem Gewissen. Entsprechend hat das Beichtgespräch vor allem den Sinn, daß der einzelne Christ sein ureigenes Leben vor Gott überdenkt und sich durch sein Sündenbekenntnis vor dem Priester als dem amtlichen Repräsentanten der Kirche der elementaren Tatsache vergewissert, daß er mit seiner Sünde, und sei sie noch so privat und heimlich, der Glaubwürdigkeit der Kirche als des «Leibes Christi» Schaden zufügt. Wenn katholische Christen nämlich seit dem Zweiten Vatikanischen Konzil gelernt haben, daß sie *alle* Kirche sind, dann kann diese Grundsatzerklärung nicht nur im Blick auf die schönen Seiten des kirchlichen Lebens gelten, sondern auch und gerade im Blick auf das eigene persönliche Schuldigwerden.

Es zeugt deshalb von der bereits menschlichen Weisheit der katholischen Kirche, wenn sie den Katholiken einmal im Jahr zu einem solchen persönlichen Beichtgespräch einlädt und verpflichtet, und zwar beim Priester

131

als dem Repräsentanten der Kirche, der zugleich sakramental «in persona Christi» handelt. Es ist nämlich genau diese Verwiesenheit auf den Amtsträger, die die kirchliche Dimension von Schuld und Vergebung allererst bewußtmacht. Diese heute weithin vergessene Realität hat unlängst die junge katholische Theologin *Eva-Maria Faber* in Erinnerung gerufen: «In persona ecclesiae, im Namen der Kirche, nimmt der bevollmächtigte Amtsträger den sündigen Menschen, der sich an ihr verfehlt hat, wieder in die Gemeinschaft der Kirche auf.» Deshalb bildet der Amtsträger das notwendige Gegenüber, das in die Pflicht genommen ist, das Gewicht der Schuld vor Gott ganz aufzudecken: «Kraft des Amtes vermag er sodann vollmächtig, ‹in persona Christi›, Vergebung von Gott her zuzusprechen, Vergebung, die nicht selbstgemachte Beschönigung und Beschwichtigung ist, sondern befreiendes Wort der je größeren Gnade über die noch so schwere Schuld.»[18]

Bei dieser kirchlichen Verpflichtung, einmal im Jahr zu beichten, handelt es sich freilich nicht um eine willkürliche oder gar positivistische Festlegung. Die katholische Kirche nimmt dabei vielmehr in einer vertieften Weise auf, was bereits in der urmenschlichen Struktur der Bekehrung selbst angelegt ist[19]. Denn bereits rein menschlich betrachtet, kommt dem Bekenntnis innerhalb des Vollzugs der Umkehr eine elementare Bedeutung zu. Vor allem in der Sicht des Philosophen *Paul Ricoeur* präsentiert sich das Bekenntnis sogar als die einzige Sprachform, in der Sünde und Schuld ihren adäquaten Ausdruck finden können[20], und zwar genauer in dreifacher Hinsicht:

- Im *Bekenntnis* betätigt und bestätigt der Mensch seine Freiheit als Ursprung seiner Schuld. Er verzichtet auf jedes Alibi und jede Schuldzuweisung an andere. Er wagt es, sich auch und gerade dort noch bei seiner Freiheit als Urgrund seiner Schuld behaften zu lassen, wo sich die Menschen ansonsten daran gewöhnt haben, sich auf biologische oder gesellschaftliche Sachzwänge zu berufen, um sich auf diesem Weg von ihrer Mitschuld fortzustehlen. Im Bekenntnis hingegen sagt der Mensch: «Ego sum, qui feci»: «*Ich* bin es, der *dies* getan hat.» Im Eingeständnis der Schuld ist deshalb die Konzentration auf das eigene Ich für einmal nicht nur erlaubt, sondern geradezu unerläßlich: um der Rettung der menschlichen Freiheit selbst willen. Dabei versteht es sich leicht, daß bei der Einzelbeichte die bessere Garantie für ein solches authentisches und persönliches Bekenntnis gegeben ist als bei der gemeinsamen Bußfeier, bei der zumindest die Gefahr besteht, daß aufgrund des allgemeinen Sündenbekenntnisses das Untertauchen des einzelnen Poenitenten in der Anonymität begünstigt werden könnte. Deshalb dürfte, zumindest in der Regel, die Ernsthaftigkeit der Umkehr durch ein konkretes Bekenntnis der ureigenen persönlichen Schuld besser gewährleistet sein als durch ein allgemeines Schuldbekenntnis. Dies ehrlicher- und realistischerweise einzugestehen legt sich auch und gerade dann nahe, wenn man den bei der gemeinsamen Bußfeier realisierten Anspruch des Poenitenten auf Selbstbeurteilung des eigenen Handelns gerade nicht negativ, sondern positiv würdigt.

- Wer sein eigenes Sündenbekenntnis ausspricht, bekundet damit zweitens auch seine Bereitschaft, die Konsequenzen seines schuldhaften Tuns auf sich zu nehmen, den angerichteten Schaden wiedergutzumachen und Buße zu tun. Damit ist jenes innere Wesensmoment der Umkehr angesprochen, das die Tradition der katholischen Kirche mit dem – gewiß nicht ganz unmißverständlichen – Begriff der *Genugtuung* ausgedrückt hat.

- Im Bekenntnis zieht sich der Mensch schließlich zurück vor die Zeit seines schuldhaften Handelns und (an-)erkennt sich als jenes Wesen, das nicht nur

gehandelt hat, sondern das auch anders hätte handeln
können. In diesem Akt spricht sich die *Reue* aus, die
das dritte urmenschliche Wesenselement der Buße darstellt und die auf neue und bessere Lebenszukunft des
Menschen ausgerichtet ist.

VI. Pastorale Wegweiser zur Erneuerung
der persönlichen Beichte

Diese drei Dimensionen der Einzelbeichte – Bekenntnis
(confessio), Reue (contritio cordis) und Genugtuung
(satisfactio) – erweisen sich somit als integrale Bestand-
teile des Beichtgespräches, dessen Revitalisierung in der
heutigen kirchlichen Situation eine besondere theologische und pastorale Aufmerksamkeit verdient. Das
Beichtgespräch läßt sich heute jedenfalls nur dann
glaubwürdig verlebendigen, sofern drei Bedingungen
erfüllt sind:

• Wenn man die Einzelbeichte «retten» will – und es
kann kein Zweifel darüber bestehen, daß man dies
tun muß! –, darf man erstens auf keinen Fall mit jenen
Fehlern fortfahren, die ihr bisher am meisten ge-
schadet haben. Dabei muß es genügen, die wichtigsten
Stich-Worte zu nennen: die Routinebekenntnisse, die
sich vor allem bei der modernen Andachtsbeichte ein-
geschlichen haben; die ebenso routinierten Zusprüche
des Beichtvaters ohne Bezug zum konkreten Bekenntnis
des einzelnen Poenitenten; die kasuistisch-autoritäre
Vorgehensweise, mit der der Priester nur urteilend
und befehlend auftritt und dabei dem Gewissen des
Beichtenden nur eine äußerst marginale Rolle zuweist;
und schließlich die Ärmlichkeit der liturgischen
Gestaltung der Einzelbeichte.
Diesen Fehlentwicklungen gegenüber wird eine sinn-

volle und glaubwürdige Pastoral der Einzelbeichte erkennen, daß der eigentliche Inhalt, gleichsam die «Materie», der Einzelbeichte das Beichtgespräch ist und sein muß. Dieses ist als seelsorgerliches Einzelgespräch zu verstehen und zu vollziehen, bei dem jene Probleme im Vordergrund stehen, die es mit der konkreten Schuld des einzelnen Poenitenten zu tun haben[21]. Damit dieser in eine herrschaftsfreie Kommunikation mit dem Beichtvater über sich selbst und sein Leben eintreten kann, muß der legalistisch-kasuistische Zwang, «Sünden aufzuzählen», entfallen. Das Ziel des Beichtgespräches liegt dementsprechend nicht im «Urteil» des Beichtvaters über den Poenitenten, sondern vielmehr in der Ermöglichung der persönlichen Einsicht des Poenitenten selbst in seine Schuld und in seine notwendig gewordenen Bußpflichten. Darauf weist der Philosoph und heutige Churer Weihbischof *Peter Henrici* mit diesen treffenden Worten hin: «Im Schuldbekenntnis geht es somit nicht um eine Art geistliche Steuererklärung, die dem absolvierenden Bischof oder Priester die richtige Bußtaxation ermöglichen soll, sondern um den (immer irgendwie hilflosen und nie vollkommen gelingenden) Versuch des Schuldigen, sich selbst bekennenderweise in der Wahrheit des Gotteswortes wiederzufinden. Der Beichtvater als verständnisvoller, ‹sanftmütiger› Glaubensbruder, wird bei dieser Selbstfindung behilflich sein, sie durch seine Mahnung anstacheln, weiterführen, nötigenfalls zurechtsetzen, und das Bekenntnis schließlich zur Vergebungsbitte gegenüber Gott und den Menschen hinüberleiten.»[22]

- Wenn das Beichtgespräch wirklich zur Feier der Buße werden soll, bedarf es zweitens jener liturgischen Gestaltung, die der neue Ordo poenitentialis vorsieht. Demgemäß beginnt es mit der Begrüßung des Poenitenten durch den Priester, mit dem Kreuzzeichen und der Ermunterung zum Vertrauen auf den barmherzigen und verzeihenden Gott. Daran schließt sich eine Schriftlesung an, die die Barmherzigkeit Gottes verkündet und die Umkehr des Menschen einfordert. Darauf folgt das persönliche Schuldbekenntnis, das klärende, wegweisende und ermutigende Beichtgespräch und die Besprechung der angemessenen Bußverpflichtungen. Nach dem Reuegebet des Poenitenten legt ihm der Priester bei der Absolution die Hände auf und vollzieht das Kreuzzeichen, um damit den unlösbaren Zusammenhang zwischen dem Kreuzestod Jesu Christi und dem heutigen Geschenk der Versöhnung Gottes mit den Menschen sichtbar zu machen. Schließlich klingt das Beichtgespräch aus mit einem Dankgebet für das Geschenk der Versöhnung mit der Kirche und darin mit Gott selbst.

• Die wichtigste Voraussetzung für eine glaubwürdige Erneuerung des Beichtgespräches liegt drittens bei den Beichtvätern, aber auch bei den Katecheten, die Kinder und Jugendliche zur Beichte vorbereiten, in der in ihrem eigenen Glaubensleben selbstverständlich geübten Praxis der Beichte. Dafür sollten auch und gerade Katecheten ein besonders feines Sensorium entwickelt haben. Denn diese pflegen ansonsten den Grundsatz, daß die Erfahrung vor der Doktrin kommt und daß das eigene Vorbild vor dem Gebot den Vorrang hat, beinahe zum Dogma zu erheben, und zwar durchaus mit bestem Recht! Eben deshalb ist es prinzipiell nicht einsehbar, warum dieser gute katechetische Grundsatz beim Beichtunterricht auf einmal und partout nicht mehr gelten sollte. Kinder und Jugendliche werden jedenfalls mit sicherem Instinkt spüren, wie der Katechet, der sie auf die Erstbeichte vorbereitet, zu dieser kirchlichen Institution selbst steht. Sobald sie merken, daß der Katechet selbst mit der Beichte «nichts anfangen» kann, werden sie die Beichtkatechese unwillkürlich als ein autoritär verordnetes Diktat empfinden, und zwar selbst dann, wenn der betreffende Katechet sich ansonsten antiautoritär zu gebärden pflegt. Aus diesen Gründen plädiere ich im Sinne eines ersten Schrittes zur Verlebendigung einer glaubwürdigen Beichtpraxis dafür, daß Katecheten – und selbstverständlich auch Priester –, die keinen Zugang mehr zum Beichtgespräch haben, sich redlicherweise von der Beichtkatechese dispensieren lassen sollten. Viel besser wäre es freilich, wenn sie ihre Vorbereitung von Kindern und Jugendlichen auf die Erstbeichte als Anlaß nähmen, es selbst wieder einmal mit der Beichte zu versuchen.

VII. Das Bußsakrament im Dienst der Rettung der menschlichen Freiheit

Bedenkt man diese unerläßlichen Voraussetzungen für eine glaubwürdige Erneuerung des Beichtgespräches und führt man sich vor allem seine schöne Notwendigkeit vor Augen, dürfte vollends deutlich sein, wie unfruchtbar es ist, Beichtgespräch und Bußfeier als zwei Ereignisgestalten der göttlichen Absolution gegeneinander auszuspielen: Es ist auf der einen Seite nicht hilfreich, in der gemeinsamen Bußfeier die exklusive Alternative zur Einzelbeichte zu erblicken und zu praktizieren. Vielmehr wird man mit *Ludwig Mödl*, dem Eichstätter Ordinarius für Homiletik und Spiritualität, urteilen müssen: «Es wäre ein großer Verlust, wenn durch die Bußgottesdienste die Einzelbeichte ganz abgeschafft würde, und zwar nicht nur für den schweren Sünder, den Mörder und den Menschenschänder, sondern auch für jeden, der von Zeit zu Zeit persönlich sein schuldhaftes Verhalten zur Sprache bringen möchte, um seine grundlegende Bereitschaft zur Erneuerung persönlich auszudrücken und zu hören: Dir ist die Sünde losgesprochen!»[23] Auf der anderen Seite führt es aber auch nicht in die Zukunft, wenn man

137

meint, der Rettung und Förderung der Einzelbeichte einen Dienst erweisen zu können, indem man die Bußfeier in ihrer theologischen Dignität und in ihrem pastoralen Sinn mindert oder sie gar zur bloßen Vorbereitung auf die Einzelbeichte herunterstuft.

Die besonderen pastoralen Vorzüge des Beichtgespräches lassen sich vielmehr nur dann einsichtig machen, wenn eine erneuerte und qualitativ verbesserte Praxis der Einzelbeichte gleichberechtigt neben andere Formen der sakramentalen Absolution zu stehen kommt. Dies impliziert von selbst das weitere Postulat, in der heutigen kirchlichen Situation die vielfältigen Formen des einen Bußsakramentes wahr- und ernstzunehmen. Mit diesem theologischen Plädoyer für eine größere Vielfalt der Absolutionsgestalten dürfte denn auch eine dreifache Lektion verbunden sein :

- Wenn das Bußsakrament in der Geschichte der katholischen Kirche nicht nur einen großen Wandel durchgemacht hat, sondern auch und gerade in der Gegenwart von der spezifischen Schulderfahrung des Menschen her einen ungemein komplexen Vorgang darstellt, dann kann, darf und muß erstens eine theologisch verantwortete und pastoral orientierte Reform der Bußpraxis der *Vielfalt der menschlichen und christlichen Bedürfnisse* im Blick auf die Bewältigung der Schuld entsprechen. Sonst droht die Gefahr, daß das kirchliche Bußinstitut selbst – und paradox genug! – eine letztlich «unbußfertige» Gestalt erhält, sei es durch eine sture Aufrechterhaltung und kirchenamtliche Durchsetzung des Monopols der Einzelbeichte als der einzig sakramentalen Form der Buße, oder sei es durch die prinzipielle Ersetzung der Einzelbeichte durch die gemeinsame Bußfeier.
- Ein heute bei etwelchen Repräsentanten der Kirchenleitung nicht selten anzutreffendes hartnäckiges (Vor-)Urteil ist zumeist bestrebt, den entscheidenden

Grund für die gegenwärtige Beichtkrise in einem mangelnden Schuldbewußtsein bei den heutigen Christen ausfindig zu machen. Auch wenn dieser Diagnose nicht jeder Realitätsgehalt abgesprochen werden kann, dürfte demgegenüber jedoch zweitens die umgekehrte Diagnose eher einleuchten, daß die heute viel beredete und beschworene Beichtkrise ihre wichtigste Ursache vielmehr darin hat, daß der moderne Mensch, worauf *Josef Bommer* mit Recht hingewiesen hat, «ein größeres und vor allem vielseitigeres, *differenzierteres Schuldbewußtsein*» aufweist, dem das «Monopol der Einzelbeichte nicht mehr zu entsprechen vermag»[24]. Es dürfte aber gerade die kirchenamtlich favorisierte Monopolisierung der Einzelbeichte sein, die angesichts der gegenwärtigen Beichtkrise sich offensichtlich chronisch gezwungen fühlen muß, den heutigen Katholiken ein mangelndes Schuldbewußtsein zu unterstellen und anzulasten.

- Als fundamentale Leitmarke für eine heute glaubwürdige Bußpastoral gilt es deshalb drittens zu formulieren: Allein dort, wo das Bußsakrament wirklich als Befreiung des Menschen aus dem lähmenden Gefängnis seiner Schuld durch das Geschenk der göttlichen Absolution erfahren werden kann und wo Umkehr und Buße elementare Hilfen darstellen, die Menschen in die größere Freiheit von Christenmenschen hineinzuführen, steht die Bußpastoral wirklich im Dienst der frohen Botschaft und erweist sich als eine *evangeliumsgemäße* Praxis der Kirche. Eine solche Praxis ist zumal in der heutigen Gesellschaft vonnöten, die von einem heimlichen und unheimlichen Unschuldswahn stigmatisiert ist. Diesem kann die christliche Kirche mit ihrer Rede von Sünde und Schuld und mit ihrer Praxis der Buße aber nur dadurch glaubwürdig widerstehen, daß sie sie als eine freiheitsentdeckende Rede und als eine freiheitsrettende Praxis versteht und vollzieht.

Beherzigt man diese dreifache Lektion, müßte das Bußsakrament der katholischen Kirche nicht weiterhin das
«ungeliebte Sakrament» bleiben. Es könnte vielmehr zu
einem vitalen Anlaß dafür werden, daß sich Katholiken
immer wieder neu das himmlische Geschenk der göttlichen Absolution heilswirksam zusprechen lassen. Dieses
befreiende Angebot ist jedenfalls von Gott her den Christen bereitet. Sollten diese nicht alle Glaubensenergie
daran setzen, daß es nicht weiterhin zu einem Angebot
ohne Nachfrage verkommt, sondern sich leidenschaft-
lich-gelassener Sehnsucht erfreuen darf?!

Anmerkungen

1 Vortrag bei dem von der Schweizer Katecheten-Vereinigung durchgeführten Seminar in Quarten am 21. September 1994.

2 Vgl. W. Elert, Morphologie des Luthertums (München
1965).

3 F. J. Tipler, Die Physik der Unsterblichkeit. Moderne Kos-
mologie, Gott und die Auferstehung der Toten (München
1994) 29.

4 Sacrosanctum Concilium, Nr. 72.

5 Lumen Gentium, Nr. 11.

6 Xiberta, Clavis ecclesiae (Roma 1922).

7 H. de Lubac, Glauben aus der Liebe. «Catholicisme» (Einsiedeln 1970) 78.

8 LThK, Das Zweite Vatikanische Konzil. Konstitutionen,
Dekrete und Erläuterungen. Teil I (Freiburg i. Br. 1966)
187.

9 Ordo poenitentialis, Nr. 8.

10 Vgl. dazu K. Koch, Wider den Traum von einer perfekten
Kirche. Gläubige Kultur kirchlicher Konfliktbewältigung,
in: Ders., Aufbruch statt Resignation. Stichworte zu einem
engagierten Christentum (Zürich 1990) 269–274.

11 Vgl. dazu genauer A. Adam, Grundriß Liturgie (Freiburg
i. Br. 1985) 172–177.

12 DS 1679.

13 Vgl. dazu aber K. Koch, Vergebung der Sünden. Zur schönen Realität der Absolution, in: Ders., Gottlosigkeit oder Vergötterung der Welt? Sakramentale Gotteserfahrungen in Kirche und Gesellschaft (Zürich 1992) 299–328, bes. 311–317.

14 J. Finkenzeller, Einzelbeichte, Generalabsolution und Bußgottesdienst aus dogmatischer Sicht, in: E. Feifel (Hrsg.), Buße, Bußsakrament, Bußpraxis (München 1975) 71–98, zit. 79.

15 Vgl. dazu H. Vorgrimler, Buße und Krankensalbung = Handbuch der Dogmengeschichte IV/3 (Freiburg i. Br. 1978), bes. 131–138.

16 J. Bommer, Versöhnung als Befreiung (Zürich 1980) 14.

17 J. Finkenzeller, a. a. O. (vgl. Anm. 14) 97.

18 E.-M. Faber, Kirche – Gottes Weg und die Träume der Menschen (Würzburg 1994) 118.

19 Vgl. dazu W. Kasper, Anthropologische Aspekte der Buße, in: Theologische Quartalschrift 163 (1983) 96–109.

20 Vgl. P. Ricoeur, Die Fehlbarkeit des Menschen. Phänomenologie der Schuld. Band I (Freiburg i. Br. 1971), bes. 173 ff.

21 Vgl. dazu auch die hilfreichen Anregungen von J. Werbick, Schulderfahrung und Bußsakrament (Mainz 1985), bes. 154–162: Brüderliches Gericht als lösendes Gespräch.

22 P. Henrici, ‹...wie auch wir vergeben unseren Schuldigern›. Philosophische Überlegungen zum Bußsakrament, in: Ders., Glauben – Denken – Leben. Gesammelte Aufsätze (Köln 1993) 119–139, zit. 135.

23 L. Mödl, Die Wahrnehmung des Bösen in unserer Zeit, in: W. Kirchschläger (Hrsg.), Das Phänomen des Bösen. Beiträge zu einem theologischen Problem (Luzern/Stuttgart 1990) 75–96, zit. 92–93. Vgl. auch Ders., Die Buße der Kirche als Sakrament der Versöhnung, in: Schweizerische Kirchenzeitung 159 (1991) 393–401.

24 J. Bommer, a. a. O. (vgl. Anm. 16) 11.

BERNHARD GROM

Gewissensentwicklung und Gewissensbildung oder Bußerziehung im weiteren Sinn

Wer heute von Buße, Beichte, Feier der Versöhnung oder Gewissensbildung redet, bewegt sich zwischen zwei möglichen Extremen und wird von Schülern und noch mehr von Eltern leicht des einen oder des anderen verdächtigt. Die einen – wohl die Mehrzahl – befürchten, man wolle das Gewissen der Kinder unnötig belasten und letztlich knechten – so wie es Friedrich Nietzsche in seiner eng-pietistischen Erziehung erlebt und später in maßloser Verallgemeinerung ausgesprochen hat: «Der Priester herrscht durch die Erfindung der Sünde.» Die anderen fragen vielleicht gerade umgekehrt: Wird jetzt die Sünde abgeschafft? Führt der typisch moderne «Unschuldswahn», der den Blick auf die eigenen Schwächen unerträglich findet, dazu, daß man das, was die Bibel Schuld und Sünde nennt, wegpsychologisiert?

Mißverständnisse: Zwischen Dramatisierung und Bagatellisierung

Fast alle Begriffe, die wir in diesem Bereich verwenden (müssen), klingen heute mißverständlich – sei es einseitig negativ, sei es verharmlosend:

«Buße»: Wir können auf diesen biblischen Begriff wohl nie ganz verzichten, aber wir können auch nicht voraussetzen, daß er richtig verstanden wird. Beim Wort

«Buße» denken viele an Ausdrücke wie: «Das mußt du mir büßen», während die Bibel gerade nicht sagen will, daß wir bei Gott etwas abzubezahlen und zu sühnen hätten, wenn wir Buße tun. Oder man denkt an «Bußgeld» und das entsprechende Strafmandat und hat schon wieder Strafe und Strafzettel im Sinn.

«Sünde»: Dieses Wort hat bei manchen noch einen absolut verurteilenden Inhalt. Die Aussage: «Das ist Sünde» bedeutet dann, daß etwas in den Augen Gottes absolut verwerflich ist, doch begründet sie dieses Urteil nicht weiter. Der Begriff «Sünde» wirkt aber auch oft bereits banalisierend, weil er längst säkularisiert wurde in Ausdrücken wie Umweltsünder, Verkehrssünder oder Kaloriensünder. Man sollte diesen Begriff sparsam verwenden und eher von «Schuld» sprechen.

«Umkehr»: Dieses Wort ist noch nicht so abgegriffen wie «Buße». Es ist anschaulich und durch die Bibel bestens fundiert. Allerdings weckt es, wenn es nicht verdeutlicht wird, die überzogene Vorstellung, wir müßten ständig eine Kehrtwendung vollziehen, weil wir uns angeblich jeden Tag verirren und vergehen. Der Begriff «Umkehr» erlaubt zu wenig Differenzierung. Er geht – wie unser Sprechen von Sünde, Schuld und Vergebung überhaupt – zu sehr von der großen «Bekehrung» aus, durch die sich jemand grundlegend wandeln und vom falschen Weg abwenden muß. Er trifft zu wenig die Lage des Durchschnittschristen, der eigentlich auf dem rechten Weg gehen möchte, ihn jedoch unscharf sieht und infolge Halbheit und Schwäche von ihm abweicht oder stehen bleibt. Wenn unser Sprechen nicht unglaubwürdig werden soll, müssen wir um die Gefahr der Über-Dramatisierung wissen. Ein Christ, der sich bemüht, in Familie und Betrieb ein erträglicher Mensch zu sein und der auch jedes Wochenende den Gottesdienst besucht, mag an manchem Fehler leiden, aber er kann nicht jede Woche «umkehren». Er findet es wahrscheinlich auch übertrieben, alle acht Tage das Confiteor zu sprechen

(was die Liturgie übrigens nicht vorschreibt) und zu bekennen: «Ich habe gesündigt in Gedanken, Worten und Werken, durch meine Schuld, durch meine Schuld, durch meine *große Schuld*.»

«Versöhnung»: In 2 Kor 5,20 nennt Paulus als wichtigen Bestandteil der Sendung der Kirche den «Dienst der Versöhnung»: «Ja, Gott war es, der in Christus die Welt mit sich versöhnt hat, indem er den Menschen ihre Verfehlungen nicht anrechnete und uns das Wort der Versöhnung zur Verkündigung anvertraute. Wir sind also Gesandte an Christi Statt, und Gott ist es, der durch uns mahnt. Wir bitten an Christi Statt: Laßt euch mit Gott versöhnen!» Der Begriff drückt im biblischen Zusammenhang treffend die neuerlangte Verbindung mit Gott nach einer Trennung aus – ganz im Sinne des Gleichnisses vom sog. Verlorenen Sohn. Er wurde zu Recht zum Leitwort des gegenwärtigen Buß- und Beichtverständnisses, und es ist zu begrüßen, daß man die Bußordnung von 1973 im deutschen Sprachraum «Feier der Versöhnung» nannte. Auch in der Politik hat der Begriff einen guten Klang, wenn manche den Ausgleich sozialer Gegensätze als «versöhnte Gesellschaft» bezeichnen. Trotzdem hat das Wort «Versöhnung» im Hinblick auf unsere gewöhnlichen Fehler und Halbheiten etwas sehr Dramatisches an sich, unterstellt es doch – wörtlich genommen –, daß wir uns völlig von Gott abgewandt und mit ihm überworfen haben, wo wir vielleicht doch täglich ein bißchen gebetet und so die Verbindung mit ihm gesucht haben.

Es gibt gute Gründe, die *sakramentale Beichte* als «Feier der Versöhnung» zu pflegen, doch sollte man auch hier nicht übersehen, daß die häufige Beichte, wie sie in der ersten Hälfte dieses Jahrhunderts (als Vorbereitung auf die häufigere Kommunion) geübt wurde, von ihrer Form her zu einer Dramatisierung neigt: Diese Form mit Anklage, Vorsatz, Buße und Lossprechung hat sich aus der Exkommunikations- bzw. Tarifbuße entwickelt, die für schwere Sünden vorgesehen war, zu denen in den ersten christlichen Jahrhunderten vor allem Glaubensabfall, Mord und Ehebruch gehörten. Es wäre eine Verengung und eine verhängnisvolle Fixierung, wenn wir den Sinn der Bußerziehung nur in der Vorbereitung auf die Beichte und ihren Erfolg nur in der Beichthäufigkeit der Schüler sehen würden.

Bußerziehung ist im Zusammenhang mit biblischer Gewissensbildung zu sehen

So sehr die Bußerziehung die Hinführung zur Beichte einschließt – sie ist umfassender und weiter zu verstehen, nämlich im Zusammenhang mit der gesamten biblisch verstandenen Gewissensbildung. Nur wenn wir sie so umfassend sehen, können wir sie überzeugt anstreben – und müssen nicht ständig von einer «Krise der Bußerziehung» reden. Denn diese Krise ist weitgehend eine Krise der zu eng verstandenen, auf Sündensuche und Moralisierung ausgerichteten Bußerziehung.

Wie kann man Bußerziehung nun umfassend verstehen und die erwähnten Extreme der Dramatisierung und der Bagatellisierung vermeiden? Orientieren wir uns an der Bibel. Sie erhebt gewiß anspruchsvolle moralische Forderungen – aber nie in einem moralistischen Sinn, der die Moral zum Selbstzweck und zu einem Katalog von Gesetzen macht, vielmehr gibt sie allen ethischen Forderungen erst so recht Wärme und Seele, indem sie sie als Ruf zum Mitwirken mit dem menschenfreundlichen Gott deutet. Dies zeigt sich etwa bei den Zehn Geboten. So kategorisch und verbietend («Du sollst nicht») sie formuliert sind, muß man sie doch von ihrem Vorwort her lesen: «Ich bin Jahwe, dein Gott, der dich aus Ägypten, dem Sklavenhaus, geführt hat» (Ex 20,2). Sie sind eine Einladung zum Mitgehen und Mitwirken mit dem Gott, der in einem «Bund» mit den Menschen stehen will, in denen sich seine Nähe und Heiligkeit auswirken sollen. Noch deutlicher ist dies, wenn wir die Verkündigung Jesu betrachten. Auch er stellt hohe Forderungen – aber auf eine frohe, frohbotschaftliche Art, der das Moralisieren fern ist. Jesus beginnt genau genommen nicht mit einer Forderung, sondern mit einer Zusage. Er spricht zuerst zu Herzen, nicht «ins Gewissen»: «Die Zeit ist erfüllt, das Reich Gottes ist nahe. Kehrt um, glaubt an diese Frohbotschaft» (Mk 1,15). Er sagt: Gott will uns nahe sein, uns annehmen – und diese Nähe (Gottesherrschaft) soll sich in der richtigen Liebe zu uns und zu den Schwestern und Brüdern auswirken. Laßt Gottes Nähe in euch und in eurer Umgebung (in der Gesellschaft) zum Zug kommen. «Die Zeit ist erfüllt» – Gott will Großes mit euch wirken.

Eine unverkürzte Bußerziehung in diesem Sinn wird eine *Gewissensbildung sein, die vor allem einlädt, sensibilisiert und kreativ macht für die Möglichkeiten einer immer neu versuchten Selbst-, Nächsten- und Gottesliebe.* Gewiß wird sie das Dringende daran aufzeigen, aber zuerst das Erfüllende, Wertvolle herausstellen.

Und die «Umkehr» und «Buße» im strengen Sinn? Das kann nur eine Seite, ein Moment an diesem positiven, kreativ machenden Aufruf zum Mitlieben mit Gott und Jesus sein. Das ist ein Moment, das wir nicht verdrängen dürfen, weil es nun einmal Versagen und Schuld gibt. Aber wir müssen diese Seite christlichen Lebens immer im Zusammenhang mit der Frohbotschaft sehen. Mit Rücksicht auf die beschränkte Schuldfähigkeit von Kindern und im Hinblick auf die Normalschuld des Durchschnittschristen sollten wir sie auch nicht zum radikalen Bruch mit Gott dramatisieren.

Buße im gewöhnlichen Sinn könnte man so umschreiben: Bereit sein zu einer selbstkritischen Bilanz, zur Wachsamkeit gegenüber der Gefahr der Abstumpfung, mangelnden Sensibilität und Selbstgerechtigkeit – und zu einem neuen, ehrlichen Blick auf die Chancen und Verantwortlichkeiten in unserem Leben, das sich ständig wandelt. Bereit sein, zu lernen und an sich zu arbeiten, den Kurs immer wieder zu überprüfen, die eigene Situation im Lichte von Jesu Beispiel und Wort zu sehen und seine Kräfte durch Vorsätze zu bündeln, statt passiv dahinzutreiben. Bereit sein, sich von Gottes Geist zu einem entschiedenen Weitermachen oder auch Neuanfang ermutigen zu lassen, seine Führung und Anregung neu zu suchen und auch zu erfahren, daß er Versagen und Schuld vergibt und uns weiter begleitet.

Psychologisch geht es demnach vor allem um die Entwicklung seiner Wertorientierung, um ein Sensibelwerden für seine ethischen Möglichkeiten und seine Verantwortung, d. h. um *Selbsterziehung*. Außerdem geht es dabei um die Bereitschaft, aus seinen Fehlern zu lernen, sich mit seinen Schwächen anzunehmen und Schwächen und Schuld einzugestehen, statt zu verleugnen.

Nach dieser Vorbemerkung und Grundlegung soll eine *entwicklungspsychologische Überlegung* klären, wie sich das Gewissen des Heranwachsenden entfaltet und worin unsere «Entwicklungshilfe», d. h. die Gewissensbildung bestehen kann. Auf diese Weise soll auch deutlich werden, wie der Begriff Gewissen, der schwer zu definieren ist, verstanden werden kann. Um es vorwegzunehmen: Gewissen soll hier *ganzheitlich* gesehen werden – nicht nur als rationales Denken, sondern auch als Empfinden und Fühlen; nicht nur als abhängig von der sozialen Umwelt (Familie, Bezugsgruppe, Kultur), sondern auch als persönliche Wertorientierung; nicht nur tadelnd und warnend, sondern auch bestätigend und ermutigend; nicht nur als Verantwortung für das Verhalten gegenüber anderen, sondern auch gegenüber sich selber.

Die Entwicklung des Gewissens von der Fremdbestimmung zur Selbstbestimmung[1]

In seinen beiden ersten Lebensjahren ist ein Kind seinen Eltern und Geschwistern gegenüber zwar meistens lieb, doch hängt dieses Liebsein noch ganz von seiner guten Stimmung ab und kann rasch in Wut umschlagen, wenn man dem Kind etwas verwehrt, was es tun oder haben möchte. Es kann auch leicht störrisch werden und den Eltern auf die Nerven gehen, wenn man etwas Unangenehmes – etwa sich waschen lassen – von ihm verlangt. Den anderen Kindern ein Spielzeug wegnehmen, das ihm gefällt, spielen, obwohl es die Mutter gerade füttern will, ein Feuerzeug ausprobieren, obwohl man ihm dies verboten hat – all diese Wünsche will das junge Kind zunächst sofort und ohne Rücksicht darauf, ob es sich oder anderen schadet, befriedigen. Es nimmt keine Rücksicht auf Gebote und Verbote (Normen), ist es doch noch zu jung, um sie zu verstehen und zu behalten und den Schaden vorauszusehen, den es anrichten kann.

1. Triebbestimmtes Verhalten – «Gewissenlosigkeit»

Mit Sigmund Freuds Psychoanalyse kann man feststellen: In den beiden ersten Lebensjahren ist das Kind noch weitgehend *triebbestimmt*. Es ist noch nicht Lenker seines Verhaltens, sondern eher Getriebener seiner Bedürfnisse und Stimmungen. Es wird noch nicht von seinem denkenden und sich entscheidenden «Ich», sondern von seinem unwillkürlichen, triebhaften «Es» geleitet. Nach dem «Lustprinzip» will es möglichst ohne Aufschub, Umweg oder Einschränkung seine Wünsche nach Vergnügen befriedigen und Unlust (Hunger, Durst, Langeweile) vermeiden.

Diese Verhaltensweise und Entwicklungsstufe kann

man als «vormoralisch» oder als «Gewissenlosigkeit» bezeichnen. Nur darf man darunter keinen bewußten, bösartigen und schuldhaften Egoismus verstehen. Es ist vielmehr eine Unbekümmertheit und Dranghaftigkeit, die noch gar nicht zu bewußter Handlung, Absicht, Verantwortung und Schuld fähig ist. Darum wird man ein Kleinkind, das im Spiel ein Haus anzündet, nie vor Gericht stellen. Man wird es auch nicht für einen Dieb halten, wenn es einem anderen Kind etwas wegnimmt. Anders, wenn beispielsweise ein 15jähriger bei einer Befragung meint, man dürfe einen Mitschüler ruhig bestehlen, denn «Geld ist für alles gut». Auf dieser Altersstufe weiß er sicher, welche Folgen ein Diebstahl für den Geschädigten haben kann, handelt aber trotzdem rücksichtslos und will sich «kein Gewissen machen». Triebbestimmtes, impulsives Verhalten, wie es die beiden ersten Lebensjahre durchgängig prägt, beobachtet man auch bei Jugendlichen und Erwachsenen in Augenblicken der Unbeherrschtheit. Hinterher sagt man vielleicht: «Da habe ich mich vergessen» oder: «Da hat mich der Teufel geritten» oder: «Da kenne ich nichts (keine Rücksichten).» Bei hemmungslosen Naturen fällt das Verhalten sogar recht häufig auf die erste, primitive Stufe zurück oder ist weitgehend auf ihr stehen geblieben.

2. Autoritätsbestimmtes Verhalten – Gewissensgehorsam

Mit dem dritten Lebensjahr beginnt das Kind gewöhnlich, sich stärker an die Normen der Eltern und anderer Autoritätspersonen anzupassen und sich nach deren Willen selbst zu steuern.

Vorstufe: Ausrichtung an Lohn und Strafe – «soziale Angst»
Auf einer Vorstufe richtet sich das Kind nur äußerlich nach den Verhaltensnormen der Eltern. Es folgt ihnen

genau so lang, als diese Autoritäten es beobachten und damit bestrafen oder belohnen können. Sobald es sich unbeobachtet fühlt, tut es wieder, was es will, und empfindet hinterher auch noch keine Gewissensbisse. Es kennt, wie S. Freud sagen würde, nur die «soziale Angst», seine Übertretungen könnten von den anderen entdeckt und durch Liebesverlust, Spielverbote oder Schläge bestraft werden.

Jugendliche und Erwachsene, die auf dieser Stufe stehen geblieben sind, verhalten sich nur so lange sozial und gemäß den Gesetzen, als sie sich von ihrer Umgebung, zumal von der Polizei, kontrolliert wissen. Sonst leben sie nach dem Grundsatz: «Du sollst dich nicht erwischen lassen.»

Vollstufe: Ausrichtung an den verinnerlichten Normen der Autorität – «Gewissensangst»

Bei normaler Entwicklung lernt das Kind bald – wenigstens in wichtigen Dingen, die man ihm einschärft –, eine innerlichere Art, sich nach den Normen der Eltern und anderer zu richten. Wie es dazu kommt, mag folgende Beobachtung eines Vaters zeigen.

«Ein Junge von drei Jahren erwachte um sechs Uhr früh und begann mit einem Spiel, das erheblichen Lärm verursachte. Noch halb im Schlaf ging der Vater in das Zimmer des Jungen und befahl ihm streng: ‹Geh zurück ins Bett und untersteh dich nicht, vor sieben Uhr aufzustehen.› Der Junge gehorchte. Für einige Minuten war alles ruhig; bald jedoch hörte der Vater Geräusche, die ihn veranlaßten, noch einmal in das Zimmer des Sohnes zu sehen. Der Junge war im Bett, wie befohlen; aber er streckte einen Arm über die Kante und zog ihn mit einem Ruck wieder zurück unter den Worten: ‹Komm da wieder herein.› Dann streckte sich ein Bein heraus, um aber rasch wieder zurückgezogen zu werden: ‹Du hast gehört, was ich dir gesagt habe.› Zum Schluß rollte der Junge an die äußerste Bettkante, um dann rasch zurückzurollen, indem er sich streng ermahnte: ‹Nicht vor sieben Uhr!›»[2]

Das Kind befolgt hier die Norm des Vaters: «Keinen Lärm machen – nicht vor sieben Uhr aufstehen!» auch dann, wenn es sich nicht beobachtet fühlt. Nach der Psychoanalyse wie auch nach der Lerntheorie ist dies damit zu erklären, daß das Kind den Zwang der Elternautorität und die Angst vor Liebesverlust und anderen Strafen «verinnerlicht». Die Übertretung der Norm wird mit Angst besetzt; es bildet sich ein «Über-Ich» (S. Freud). Das Kind nimmt sich selber in die Hand und befiehlt sich gleichsam mit der Stimme und dem drohenden Ton der Erzieher: «Tu das!» oder «Laß das!» So kann es unangenehme Folgen vermeiden, sich sicherer fühlen und selber steuern. Es kann nun nicht nur sein Verhalten beobachten, sondern auch die Wünsche, die ihm vorausgehen. Nicht erst, wenn es Lärm gemacht oder gestohlen hat, sondern bereits, wenn es die Versuchung dazu spürt, kann es diese Wünsche nach den Normen der Erzieher als erlaubt (= richtig) oder unerlaubt (= falsch) beurteilen. Es kann – nach S. Freud – über «soziale Angst» hinaus nun auch innere «Gewissensangst» empfinden, die es auch dann belastet, wenn seine Unbotmäßigkeit nicht entdeckt wurde.

Diese Art von Verhaltenssteuerung kann man Über-Ich-Gewissen oder *Gehorsamsgewissen* nennen: Das Kind stellt Forderungen an sich selbst und spürt eine Verpflichtung, doch sind dies noch die Forderungen einer Autorität «über» seinem Ich, die es als «Über-Ich» verinnerlicht hat. Sofern es nicht überstreng und zwanghaft wird, ist das Gehorsamsgewissen ein wichtiger Fortschritt auf dem Weg zu sozialem Verhalten. Denn nun vermeidet das Kind auch dann, wenn es keine Aufdeckung und Strafe befürchtet, sozial schädliche Handlungen wie Lärmen vor sieben Uhr, Stehlen oder das Spiel mit einem Feuerzeug. Allerdings ist dieses sozial richtige Verhalten noch ganz *autoritätsbestimmt* und heteronom (dem Gesetz eines anderen folgend). Das Kind tut zwar nun unbeaufsichtigt das Richtige – aber nicht aus eigener Einsicht. Wenn wir es fragen, warum man nicht stehlen soll, antwortet es vielleicht: «Weil meine Eltern und Lehrer mir gesagt haben, daß es falsch ist.» Wäre es nicht von jemand verboten worden, so dürfte man es tun.

Jugendliche und Erwachsene, die auf dieser Stufe stehen geblieben sind, erkennt man an ihrer *Abhängigkeit von Autoritäten:* Sie fragen sich nicht, ob ihr Tun Schaden angerichtet hat oder nicht, sondern nur, ob es dem Willen einer für sie maßgeblichen Autorität entspricht – dem Willen der Eltern, der Lehrer, eines Freundes, eines Cliquenführers oder einer politischen Strömung. Sie wagen es nicht, ihre Autorität zu kritisieren und eigenen Vorstellungen zu folgen, weil sie sich nur sicher und stark fühlen, wenn sie mit ihr übereinstimmen. Nichts fürchten sie so sehr, wie von ihnen verstoßen und isoliert zu werden.

3. Selbstbestimmtes Verhalten – Einfühlungs- und Einsichtsgewissen

Wenn ein Kind nicht ständig unter Zwang gehalten und verängstigt wird, entwickelt es normalerweise zwischen fünf und 15 Jahren statt der fremdbestimmten Selbstbeherrschung ein *selbstbestimmtes (autonomes) Verhalten,* das mehr und mehr eigener Einsicht in die Verantwortung für sich und die Mitmenschen folgt. Bezeichnend die Antwort einer 13jährigen auf die Frage, warum sie nicht stehlen würde: «Es ist falsch zu stehlen. Meine Eltern haben mir das gesagt, aber ich weiß es auch selber.»

Auf dieser Stufe kann das Kind Regeln sozialen Verhaltens (Normen) nicht nur gehorsam befolgen, sondern auch einsehen und bejahen. Es kann eigenständig über den Sinn solcher Normen nachdenken, sie mit den Normen anderer Familien vergleichen und sie teilweise oder ganz ablehnen. Vor allem kann es die Folgen, die sein

Tun für andere haben könnte, in Gedanken vorwegnehmen (antizipieren) und als für sie schädlich, nützlich oder neutral erkennen. Es kann allmählich seine Verantwortung intellektuell erkennen und gefühlsmäßig empfinden. Es kann aus eigener Einsicht und eigenem Antrieb erfassen und bejahen, was Gerechtigkeit und Hilfsbereitschaft bedeuten.

Die Psychoanalyse S. Freuds kann diesen Entwicklungsschritt nicht mehr befriedigend erklären. Denn sie sieht das Gewissen einseitig als verinnerlichten Autoritätszwang, wie er bei überstreng erzogenen Menschen, die in den ersten Jahrzehnten dieses Jahrhunderts in der Psychotherapie Hilfe suchten, häufig zu beobachten war. S. Freud beschränkte sich darauf, das freie und denkende «Ich» so zu ermutigen (zur «Ich-Stärke»), daß der Mensch weder von seinen Triebwünschen (dem «Es») noch von seinen Erziehungszwängen (dem «Über-Ich») versklavt wird.

Demgegenüber ist die neuere psychologische Forschung – beispielsweise von Lawrence Kohlberg (1958/1971), Justin Aronfreed (1968) und Martin Hoffman (1977) – optimistischer und nimmt *eine im Menschen selbst liegende Bereitschaft zu spontanem, nicht erst anerzogenem (gleichwohl erziehungsbedürftigem) Gerecht- und Hilfsbereitsein, d. h. prosozialem Empfinden und Verhalten* an. Grundlage für diese Bereitschaft ist die Fähigkeit des Menschen jeder Altersstufe, sich in das Leid und das Wohlbefinden von Mitmenschen einzufühlen und deren Lage zu verstehen. Diese Fähigkeit nennt man *«Empathie»* (Einfühlung, Nachempfinden) oder auch *«Rollenübernahme»* (in Gedanken die Rolle des anderen in einer bestimmten Lage übernehmen können). Einfühlung macht es möglich, daß wir kognitiv und emotional verstehen, welche Folgen unser Handeln für andere hatte oder haben könnte. Diese einfühlende Einsicht ist beim jungen Kind noch auf einzelne überschaubare Handlungen und nahestehende Personen

153

beschränkt. Allmählich aber kann es sich ausweiten – vielleicht nach diesem Muster:

«Ich könnte zwar Claudia den Teddybär wegnehmen, weil ich stärker bin als sie – aber dann wäre sie verärgert, und das will ich nicht.»
«Claudia wäre traurig, wenn ich ihr ihre Spielsachen (nicht nur den Teddybär) wegnehmen würde...»
«Andere Kinder (nicht nur Claudia) wären traurig, wenn ich ihnen etwas wegnehmen würde, das sie gern haben oder brauchen...»
«Andere Menschen (nicht nur Kinder) wären traurig, wenn...»

Am Ende sagt sich der Heranwachsende gelegentlich im Sinne der «Goldenen Regel»: «Was du nicht willst, daß man dir tu, das füg auch keinem andern zu.»

Die Fähigkeit zur Einfühlung erklärt, warum wir oft einen inneren Zwiespalt, einen Motivkonflikt erleben, bei dem wir nicht (mehr) zwischen eigenem Triebwunsch und Gehorsam gegen andere, sondern zwischen unseren eigenen antisozialen und prosozialen Wünschen hin- und hergerissen sind: Einerseits will ich mir unter Umständen durch Betrügen, Stehlen oder Lügen einen Vorteil verschaffen – andererseits will ich aber nicht, daß andere meinetwegen leiden müssen. Einfühlung erklärt, warum wir sozial richtiges Verhalten nicht nur als ein «Ich-Muß», sondern auch als ein «Ich-Soll» und «Ich-Will» empfinden können, nicht nur als Norm eines Über-Ichs, sondern auch eines *Einfühlungs- und Einsichtsgewissens,* als selbstbejaht, nicht nur als fremdbestimmt.

Unrecht vermeiden, obwohl man keine Entdeckung und Strafe zu befürchten hat, und jemanden unterstützen, obwohl es einem niemand lohnen wird – das ist prinzipiell möglich, weil der Mensch neben selbstbezogenen Motiven wie Haben-, Genießen-, Gelten- und Herrschenwollen, die ihn leicht egoistisch und antisozial machen, auch andernbezogene, uneigennützige (prosoziale) Motive wie Gerechtseinwollen, Helfenwollen und Freudebereiten erlebt. Darum kann er aus eigenem Antrieb das Wohl des anderen bejahen und darin Sinnerfüllung und Verantwortung erfahren.

Prosoziales Verhalten als Sinnerfüllung

Wir können Gleichberechtigung und Würde, die wir einem anderen durch gerechtes Handeln zuerkennen, stellvertretend (wie man nach A. Banduras Lerntheorie sagen kann) als eigene Genugtuung erleben, und die Erleichterung, die wir jemandem durch unser Helfen verschaffen, als eigene Erleichterung empfinden – sofern wir Gerechtigkeit und Hilfsbereitschaft als hohen Wert betrachten, der uns viel bedeutet. J. Aronfreed spricht geradezu von der Möglichkeit einer «altruistischen Freude». Man sagt sich vielleicht: «Das freut mich selber, daß ich hier helfen konnte (oder fair geblieben bin), das ist wertvoll, das lohnt sich» – auch wenn es nicht materiell belohnt oder durch den Beifall der Öffentlichkeit vergolten wurde. Prosoziales Verhalten wird also nicht nur durch Fremdverstärkung (Lob und Lohn der Umgebung), sondern auch durch *Selbstverstärkung,* durch die innere Erfüllung angetrieben.

Der *biblische Glaube* kann dem Menschen die *höchste denkbare Sinnerfüllung* bei seinem Bemühen um prosoziales Verhalten schenken. Er enthält ja eine Letzt-Motivation, die der areligiöse Humanismus – so sensibel er auf Nöte der anderen reagieren und darum auch Vorbild für Christen sein mag – nicht kennt. Denn er deutet unser soziales Verhalten als Gemeinschaft, Übereinstimmung und Mitwirken mit dem Gerechten und Guten in Person, mit Gott, dem Vater unseres Herrn Jesus Christus: «Was ihr dem geringsten meiner Brüder/Schwestern getan habt, das habt ihr mir getan» (Mt 25,40). «Und dein Vater, der auch das Verborgene sieht, wird es dir vergelten» (Mt 6,4). Allerdings wird dieser Erfüllungscharakter, den das Hauptgebot der Liebe hat, viel zu selten empfunden, da man dieses Hauptgebot oft nur als saure Pflicht (im Sinne eines Gehorsamsgewissens) wahrnimmt und meint, der Lohn erfolge erst im Leben nach dem Tode.

Um zu zeigen, daß «Nächstenliebe», d. h. Gerechtigkeit und Hilfsbereitschaft, nicht nur Einschränkung und Gebot ist, sondern auch Erfüllung, die wir im «guten Gewissen» als lohnend erfahren dürfen, könnte man – wenigstens bei älteren Schülern[3] – folgende Imaginationsübung versuchen. Wir setzen uns entspannt hin, schließen die Augen und überlegen, wie wir handeln würden, wie wir aussähen und vor allem wie wir uns fühlen würden, wenn wir anderen gegenüber grundsätzlich rücksichtslos wären und nur unseren eigenen Nutzen kennen würden... Nach einiger Zeit stellen wir uns das Gegenteil vor und lassen auch dazu verschiedene Vorstellungen kommen und sich in einem inneren Film entwickeln: Wie würden wir handeln, aussehen und uns fühlen, wenn wir in Zukunft anderen mit Wohlwollen begegnen würden, uns um Gerechtigkeit und Hilfsbereitschaft bemühten... Danach kann man kurz darüber sprechen, ob man den Unterschied zwischen beiden Rollen gespürt hat (ohne über die Vorstellungen im einzelnen zu reden). Schließlich kann der Lehrer erklären: Sich in das Befinden des Mitmenschen einfühlen und sein Glück wollen – das kostet uns zwar manche Mühe, aber es öffnet uns für die anderen und verbindet uns letztlich dabei mit dem Ja, das Gott zu allen spricht. Es macht uns weit, reich und erfüllt. Hingegen macht uns das Kreisen um uns selbst, das Sich-den-anderen-Verschließen und das Ausnützen anderer eng, arm und leer. Darum ist für Jesus Verantwortung und Liebe eine «leichte Last» (Mt 11,30), eine Erfüllung. «Selig» sind für ihn nicht die Unterdrücker, sondern die Barmherzigen und die Friedensstifter (Mt 5,7.9). Das Hauptgebot ist Teil der Frohbotschaft.

Prosoziales Verhalten als Verantwortung

Zur Erfahrung des Einsichtsgewissens gehört auch das Erkennen und Erleben der eigenen *Verantwortung,* des eigenen *Sollens.* Man sagt sich etwa: «Ich fühle mich dafür verantwortlich und dazu verpflichtet; ich verlange das von mir.» Reife und sensible Menschen betrachten wichtige Sinn- und Sollensziele nicht als etwas Nebensächliches, sondern als Maßstab, nach dem sie sich bewerten und der für sie wichtiger ist als ihre Maßstäbe für intellektuelle, berufliche oder sportliche Leistungen: Mein Gewissen – das bin ich selbst. Wenn ich es verrate, handle ich auch gegen mich selbst, werde schuldig und muß mich verachten. Wenn ich ihm treu bleibe, bin ich mit mir zufrieden, stimme mit mir überein und habe Achtung vor mir.

So kann ein Einsichtsgewissen mit seinen selbsterkannten Sinn- und Sollenszielen den Menschen zur *Selbststeuerung* (Selbstbestimmung, Freiheit) befähigen – und zwar in drei Schritten (s. Grafik auf der folgenden Seite) [4]:

1. Wir *beobachten* unser Verhalten (das äußere Tun wie auch das innere Empfinden und Denken, das diesem vorausgeht) in der Rückschau, Mitschau und Vorschau, so wie wir auch beim Rechnen oder Sport prüfen, ob wir unsere Ziele erreichen.

2. In einem besonderen Bereich dieser Selbstbeobachtung, nämlich im ethischen, messen wir das beobachtete Verhalten an den Normen und Idealen, die wir als sinnvoll und gesollt bejaht haben. Genau das ist das *Gewissen: die Fähigkeit und Bereitschaft, sich nach selbstbejahten Sinn- und Sollenszielen zu bewerten.* Sich zu fragen: Habe ich die Ziele erreicht oder nicht erreicht?

157

```
┌─────────────────────────────────────────┐
│ 1. Beobachtung                           │
│    meines Verhaltens                     │
│    in der                                │
│ ---------------------------------------- │
│    – Rückschau                           │
│    – Mitschau                            │
│    – Vorschau                            │
└─────────────────────────────────────────┘
```

```
┌─────────────────────────────────────────┐
│ 2. Selbstbewertung                       │
│    nach den in der Bewertung erkannten   │
│    Sinn- und Sollenszielen               │
│    (Idealen, Normen)                     │
│ ---------------------------------------- │
│    – erreicht?                           │
│    – nicht erreicht?                     │
│    – inwiefern verantwortlich?           │
└─────────────────────────────────────────┘
```

```
┌─────────────────────────────────────────┐
│ 3. Gewinn oder Verlust                   │
│    von Erfüllung                         │
│    (Selbstverstärkung, Übereinstimmung mit│
│    sich selbst)                          │
│ ---------------------------------------- │
│    – Zufriedenheit, Freude, Selbstachtung,│
│      Stolz                               │
│    – Unzufriedenheit, Scham, Schuld,     │
│      Selbstverachtung                    │
└─────────────────────────────────────────┘
```

```
┌─────────────────────────────────────────┐
│ Folge: Anreiz zur Beibehaltung oder      │
│        Änderung des Verhaltens           │
└─────────────────────────────────────────┘
```

Bin ich meiner Verantwortung gerecht geworden oder nicht?

3. Fällt diese Selbstbewertung positiv aus, so erlebt der Mensch Zufriedenheit, Freude, Selbstachtung und Übereinstimmung mit sich und (als Gläubiger auch) mit Gott: «Selbstverstärkung». Fällt sie negativ aus, so erlebt er das Gegenteil: Unzufriedenheit, Scham (vor sich, vor anderen und vor Gott), Schuldgefühle, Selbstverachtung.

Der biblische Glaube kann auch bei der Erfahrung der Verantwortung und des Sollens eine bedeutende Rolle spielen. Er gibt dem Verpflichtungscharakter des Gewissensurteils in wichtigen Dingen etwas Unbedingtes, eine Letzt-Motivation: «Was ihr dem geringsten meiner Brüder/Schwestern nicht getan (oder: angetan) habt, das habt ihr auch mir nicht getan (angetan)» (Mt 25,45). Aber die höchste Verpflichtung ist für Jesus immer auch höchste Erfüllung und wurzelt in der Liebe, wie das Hauptgebot der Selbst-, Nächsten- und Gottesliebe deutlich macht. Nach Karl Barth enthält das «Du sollst lieben» immer auch eine Zusage, ein «Du wirst lieben». Gott sagt gleichsam: Weil ich dich unbedingt liebe, kannst und sollst du von deinen Mitmenschen ähnlich positiv denken wie ich, das heißt *mitlieben*. Eine weitere Besonderheit der christlichen Gewissenserfahrung liegt darin, daß uns der Glaube angesichts unseres Versagens immer neu die Vergebung und den Neuanfang beim Versuch mitzulieben anbietet.

Wohlverstanden: Wir sollen versuchen, mit Gott und wie Gott den Nächsten um seiner selbst willen zu unterstützen – und nicht «nur um Gottes Willen» bzw. um Verdienste für uns zu sammeln. Auch ist ein anderes vulgärreligiöses Mißverständnis abzuwehren, das wie ein Autoritätsgewissen denkt: Die Meinung, dem Nächsten zu schaden sei nur deshalb verboten, weil Gott es uns in seinen Geboten verbiete, und dem Mitmenschen zu helfen sei nur wichtig, weil Gott es uns befohlen habe.

Diese Ansicht ist falsch, denn Gott ist ja nicht eine von Gerechtigkeit und Güte verschiedene Autorität und Macht, die uns zufällig Gerechtigkeit und Nächstenliebe gebietet, sondern er ist wesentlich Gerechtigkeit und Güte, die uns zum Mitwirken einlädt und auffordert. Und wenn Jesus vom endgültigen Verfehlen dieser Berufung spricht, vom «Heulen und Zähneknirschen» und vom Gericht, so sollten wir uns darunter keine Strafaktion von seiten Gottes vorstellen, sondern eher einen Selbstausschluß des Menschen, der sich im Nein zu Gottes Ruf verhärtet und in dieser Kälte und Gottes- und Menschenferne erstarrt: «Gott straft die Sünder nicht: die Sünd ist selbst ihr Hohn, ihr Angst, Pein, Marter, Tod, wie Tugend selbst ihr Lohn» (Angelus Silesius).

Gewissensentwicklung – mehr als eine kognitive Stufenfolge

Man sollte nicht übersehen, daß sich die drei erwähnten Entwicklungsstufen nicht einfach ablösen, sondern auch nebeneinander bestehen. Bei einem normal entwickelten Sechsjährigen kann neben teilweiser «Gewissenlosigkeit» und neben einem ausgeprägten Gehorsamsgewissen in ersten Ansätzen, die man leicht übersieht, bereits ein Einsichtsgewissen bemerkbar sein. Bei vielen Erwachsenen sind die früheren Stufen nicht einfach vergangen, sondern ebenfalls in verschiedener Ausprägung noch nebeneinander wirksam: Neben Augenblicken impulsiver Unbeherrschtheit («Gewissenlosigkeit») und neben manchen Äußerungen eines typischen Gehorsamsgewissens («Ich bin halt so erzogen», «Das macht man einfach nicht») trifft er vielleicht die meisten Entscheidungen aufgrund eines Einfühlungs- und Einsichtsgewissens.

Überhaupt verläuft die Gewissensentwicklung und -bildung anders als das Emporschreiten auf (kognitiven)

Stufen des Denkens, anders als das Erlernen einer Sprache oder der Grundrechnungsarten. Das kann ein (zugegebenermaßen verkürzter) Blick auf die einflußreiche Stufenlehre und Moralpädagogik von Lawrence Kohlberg lehren (Näheres siehe Anm. 1). Im Anschluß an Jean Piaget, der bereits in den 30er Jahren, ähnlich wie der obige Text, eine (1) heteronome Pflichtmoral, einen (2) kooperativen Gerechtigkeitssinn und (3) eine autonome Gerechtigkeitsmoral (ab 9 Jahren) unterschied, beschrieb Kohlberg drei «Ebenen» moralischen Urteilens – die präkonventionelle, die konventionelle und die postkonventionelle –, die jeweils zwei Stufen (insgesamt also sechs) Stufen umfassen. Beide Theorien, die von Piaget und die von Kohlberg, sehen richtig, daß sich die moralische Orientierung vom autoritätsabhängigen zum eigenständigen ethischen Denken wandelt. Die Antworten, die Kohlberg von Heranwachsenden verschiedener Alters- und Entwicklungsstufen auf moralische Dilemma-Geschichten erhielt und auswertete, zeigen auch überzeugend, wie bestimmte logisch-kognitive Entwicklungsstufen die notwendige Voraussetzung für allgemeine, prinzipiengeleitete und eigenständige moralische *Urteile und Begründungen* bilden. Allerdings beurteilen nicht wenige Heranwachsende verschiedene Dilemmas nach Denkmustern unterschiedlicher Stufen – und nicht nach einem durchgehenden Muster –, also nicht so, wie sie nach Grammatikregeln sprechen und nach den Grundrechnungsarten rechnen. Das heißt, die logisch-kognitiven Entwicklungsstufen bilden nur die notwendige, aber nicht die hinreichende Voraussetzung für reifes moralisches Urteilen, weil dieses auch von sozialen Erfahrungen, von Sensibilisierung abhängt. Erst recht ist die Entwicklung sozialethischen *Empfindens und Verhaltens* nicht nur eine Frage kognitiv-moralischer Argumentationsfähigkeit (die Kohlberg durch das Diskutierenlassen von moralischen Dilemma-Geschichten nachweislich fördern konnte), sondern vielmehr davon abhängig, wie sich *prosoziales Erleben* fördern läßt und entwickelt. Einerseits wußte Kohlberg, daß er nur das «moralische Urteil» erforscht hatte, doch hat er dessen Entwicklung immer wieder mit «moralischer Reife» gleichgesetzt und damit letztere intellektualisiert. Daß das Diskutieren von moralischen Konfliktsituationen nicht genügt, hat Kohlberg selber insofern in seiner Praxis eingestanden, als er ein Schulprojekt gründete («Gerechte Schulgemeinschaft»), in dem die Schüler an den konkreten Fragen des Zusammenlebens in der Schule und durch den demokratischen Diskurs die Normen des Zusammenlebens lernen sollten.

Grundlagen und Grundzüge der Gewissensbildung

Eine Erziehung, die das oben beschriebene Einfühlungs- und Einsichtsgewissen fördert, muß in Familie, Schule und Gemeinde sowohl emotionale als auch kognitive Einflüsse umfassen, die hier wenigstens stichwortartig genannt werden sollen. Grundvoraussetzung ist (1) *positive affektive Zuwendung,* das heißt ein soziales Klima der Wertschätzung und des Wohlwollens. Nur auf dieser Grundlage kann sich die Bereitschaft zu einfühlender Anteilnahme entwickeln – im Gegensatz zu sozialer Gleichgültigkeit, Angst zu kurz zu kommen oder Zynismus. Wichtig ist auch die Möglichkeit, (2) an Menschen, die man schätzt (Vorbilder), das heißt durch ein *Lernen am Modell,* stellvertretend zu erfahren, daß einem Gerechtigkeit und Hilfsbereitschaft viel bedeuten können. Prosoziales Verhalten muß aber auch, bei aller Ursprünglichkeit und «Selbstverstärkung», durch (3) *Fremdverstärkung,* durch Lohn und Anerkennung von seiten Gleichaltriger (Bezugsgruppe) und Erwachsener, die man schätzt, unterstützt werden. Während die Schule oft einseitig den individualistischen Leistungswillen belohnt, verstärken manche Jugendcliquen ebenso einseitig aggressives Verhalten, Unterdrückung von Schwächeren und blinden Protes; gegen die Erwachsenenwelt und beeinflussen auch Heranwachsende, die in ihrer Kindheit noch sehr umgänglich waren, in diesem Sinn. Die Förderung von prosozialen Einstellungen verlangt auch entsprechende Kinder- und Jugendgruppen in unseren Gemeinden. Ebenso muß die soziale Umwelt prosoziales Verhalten durch (4) *Auffordern, Verbieten und Tadeln* stützen, um – ohne Übersozialisation und Zwanghaftigkeit – dem Heranwachsenden zu helfen, seine selbstbejahten Normen auch gegen seine Launen und antisozialen Regungen durchzusetzen und verläßlich zu werden. Schließlich sind konkrete Situationen sowie fremde und eigene Normen durch eine (5) *Wertreflexion,* in eigenem und gemeinsamem Nachdenken, zu klären.

Der Beitrag der *Katechese und des Unterrichts* zur Gewissensbildung setzt bei dieser Reflexion an. Es macht die Stärke und Chance des «Moralunterrichts» aus, zusammenhängender und intellektuell anspruchsvoller als gewöhnlich zuhause oder in Jugendgruppen darüber nachdenken zu können. Indes liegt seine Gefahr darin, daß er bloßes Argumentierenkönnen und Normenwissen ohne nachhaltige Sensibilisierung vermittelt. Um ganzheitlicher und entwicklungsfördernder zu werden, sollte der Moralunterricht folgende Leitlinien beachten.

1. Möglichst das *Einfühlungsvermögen* der Heranwachsenden ansprechen, damit man von ihm aus das Verstehen (und Berücksichtigen) der Lage, Bedürfnisse und Rechte der Mitmenschen fördern und soziale Normen andernbezogen begründen kann.

Praktische Wege dazu sind etwa:

– Fallbeispiele anschaulich präsentieren, sei es erzählend, sei es durch Rollenspiel oder durch Kurzfilm (vgl. Videofilme zu den Zehn Geboten).

163

– Situationen gegebenenfalls durch Imaginationsübungen vergegenwärtigen. Beispielsweise: Wie verbringt ein Behinderter seinen Tag, und wie fühlt er sich dabei? Ein Ausländer usw.

2. Möglichst durch *Eigenerfahrung* lernen, auch wenn wir keine alternative Schule im Sinne einer «Gerechten Schulgemeinschaft» aufbauen können.

Praktische Wege dazu können sein:

– Bei Fragen der Gerechtigkeit und Rücksichtnahme, die sich im Zusammenleben in der Schule und Klasse stellen, die Schüler möglichst aktiv mitdenken, partizipieren lassen.

– Gruppenpädagogische Übungen durchführen, die für die Chancen und Erfordernisse eines gerechten und fürsorglichen Miteinanders sensibilisieren können. Solche Übungen eignen sich unter Umständen auch für eine gemeinsame Beichtvorbereitung oder Bußfeier.

Zum Lernziel: Miteinander sprechen lernen: Das 1-Mark-Spiel (1-Franken-Spiel), nach dem man einige Regeln für ein fruchtbares Gespräch erläutert[5]; das NASA-Spiel; kontrollierter Dialog.

Zum Lernziel: Kooperieren lernen: Zu zweit, zu dritt oder zu viert ein Bild malen und dann über die Erfordernisse und Chancen der Kooperation nachdenken sowie Beispiele aus dem Alltag nennen... Ähnlich Quadratübung oder Städtebauübung.

Zum Lernziel: Einander besser kennenlernen, Fremdheit überwinden, Vorurteile vermeiden: Antworten vergleichen; ein Poster für dich.

– Lernen durch Aktionen: Gegebenenfalls etwas basteln für einen Bazar für Waisenkinder in der Dritten Welt; für eine bestimmte Zeit Dienste im Altenheim übernehmen; Aufgabenhilfe für Ausländerkinder u. ä.

3. Verantwortungsethisches *Bedenken der Handlungs- oder Unterlassungsfolgen* eines Verhaltens einüben, aber

auch *kreativ mögliche Lösungen* bei Konflikten suchen lassen.

Praktische Wege dazu sind etwa:

Schüler (nach dem Vorbild des englischen Unterrichtswerks «Lifeline») in Kleingruppen überlegen und dann zusammentragen lassen, was alles passieren könnte, wenn beispielsweise ein Mädchen oder ein Junge in einem baufälligen Haus, in dem niemand mehr wohnt, vor dem aber ein Schild steht: «Betreten verboten», spielen wird... Oder nachdenken lassen, welche Lösungen möglich sind, wenn jemand an der Wohnungstür klingelt und den Vater des Kindes, das die Tür öffnet, sprechen will, dieser aber keinen Besuch wünscht...

4. Ethische Normen möglichst durch *entdeckendes Lernen* erschließen und dabei auch den Motivkonflikt, dem man ausgesetzt ist, bewußtmachen. Dies sowohl bei Einzelnormen wie: nicht stehlen, nicht lügen als auch bei der Grundnorm «Menschenachtung für alle und jeden» («Was du nicht willst, daß man dir tu, das füg auch keinem andern zu»).

Praktische Wege dazu:

– Eine Norm wie «Du sollst nicht lügen» nicht autoritär vorgeben und dann auf Situationen anwenden, sondern – wie es Hans Zulliger tat – von Situationen sprechen, in denen uns Wahrhaftigkeit schwerfällt und wo wir gern zu einer Notlüge Zuflucht nehmen würden. Klarstellen, warum wir dazu neigen... Überlegen, welche Folgen Unwahrhaftigkeit haben kann – und daraus die Norm begründen. Ähnlich bei anderen Normen.

– Zu einer ethischen Frage eine lösungsoffene Situation, einen «Fall» schildern. Die Schüler sammeln im Gespräch mögliche Lösungen, stellen sie im Rollenspiel (Weiterspiel, siehe Anm. 5, 207ff.) dar und erörtern, zusammen mit dem Lehrer, die Folgen, um abschließend die Norm zu formulieren.

Ergänzung: Zur Gewissensbildung gehört auch die Verantwortung für sich selbst

Wenn bisher vor allem von der Verantwortung für das Zusammenleben mit den Mitmenschen die Rede war, darf dies nicht in einem ausschließlichen Sinn verstanden werden. Schon der Philosoph Immanuel Kant hat zu Recht betont, daß der Mensch nicht nur Pflichten gegenüber anderen, sondern auch gegenüber sich selbst hat. Für den Heranwachsenden können diese wohl in Verhaltensweisen wie diesen bestehen:

– Sein Leben nicht durch waghalsige Angeberei gefährden.

– Seine Gesundheit nicht durch Alkoholexzesse, übermäßiges Rauchen oder Drogen schädigen.

– Seine Fähigkeiten erkennen und entfalten: durch Sport und Hobbys, durch Mitarbeit in Schule und Berufsausbildung.

– Zum eigenen Leib (auch zur Sexualität und Geschlechtsrolle als Mädchen oder Junge) ein positives Verhältnis entwickeln und etwa Kleidung und gepflegtes Aussehen nicht als Statussymbol, sondern als Ausdruck der Selbstachtung betrachten.

– Seine eigenen Rechte erkennen und wirksam geltend machen (nicht aggressiv sein, sich aber auch nicht unterdrücken lassen), das heißt sich als anderen gleichrangig empfinden.

Der christliche Glaube wird über I. Kants Ethik hinausgehen und ergänzen, daß ein grundlegendes Lernziel in der recht verstandenen Selbstbejahung besteht, die im Hauptgebot der Selbst-, Nächsten- und Gottesliebe enthalten ist und keinen Gegensatz zur Demut darstellt. (Denn die Demut schließt nur die Selbstüberhebung aus, nicht aber die Annahme seiner selbst.) Jesus lädt uns ein, von uns ähnlich gut zu denken, wie Gott es tut, und auch uns (nicht nur die Mitmenschen) mit ihm «mitzulieben».

Ein Christ kann und soll, wenn er ungerecht angegriffen wird, sagen: «Der Herr ist es, der mich zur Rechenschaft zieht» (und auf dessen Urteil es ankommt, 1 Kor 4,4). Und wenn er sich Versagen und Schuld vorwerfen muß und sich verachten möchte, sollte er sich in Erinnerung rufen: «Gott ist größer als unser Herz» (1 Joh 3,20).

Was man biblisch-theologisch als Selbstliebe und Selbstbejahung bezeichnet, nennt man in psychologisch-pädagogischer Sicht heute Selbstwertgefühl oder *Selbstachtung*. Die oben genannten Verhaltensweisen (Gesundheit erhalten, Fähigkeiten entfalten usw.) können als Ausdruck von Selbstachtung verstanden werden. Sich mit den Meinungen, die andere – in Worten und Taten – über mich äußern, konstruktiv auseinandersetzen, lernen, sich selber realistisch zu loben, über seinen Schwächen seine positiven Eigenschaften nicht zu vergessen, und sich seiner Gleichrangigkeit mit anderen bewußt zu sein – das ist ein Lernziel, das auch in den Beichtspiegel gehört. Man könnte es sinnvollerweise auch zum Thema des Beichtunterrichts oder einer Bußfeier machen.

Wie dies praktisch geschehen könnte, soll hier nur angedeutet werden: Einerseits könnte man von der Anregung ausgehen, in Vierergruppen zu überlegen: «*Gut an mir – gut an dir finde ich*» und so zu lernen, wie man sich einerseits seiner positiven Eigenschaften bewußt wird und andererseits auch anderen gegenüber Wertschätzung äußert – und sich so auch des Angenommenseins durch Gott bewußt werden kann[6]. Andererseits könnte man auch davon sprechen, wo wir *Tiefpunkte* erleben und uns unverstanden, verlassen und entmutigt fühlen und wie wir solche Verzagtheit mit Hilfe von Mitmenschen und mit Hilfe des Gebets überwinden können.

Vergebung: Angenommensein trotz unserer Fehler

Auch bei älteren Schülern, etwa im Firmalter, kann man von den eben skizzierten Ansätzen – Wertschätzung und Tiefpunkte – ausgehen, sofern man sie an ihre Entwicklungsstufe und Lebenssituation anpaßt. Auf dieser Grundlage könnte man schließlich auf den Gott hinweisen, den uns Jesus geoffenbart hat, und ihn als den zeigen, der uns *immer annimmt* und auch dann nicht fallen läßt oder abschreibt, wenn wir schwere Fehler begangen haben und von anderen oder auch von uns selbst verachtet werden. Man könnte beispielsweise den untenstehenden Text «Nicole, die verlorene Tochter» vorlesen, über die Schwierigkeit, sich wieder zu versöhnen, sprechen und dann als Kontrast das Gleichnis vom sog. Verlorenen Sohn Lk 15, 11–32 lesen.

Anhang:
    «Nicole, die verlorene Tochter» – ein Text, den ein Mädchen bei Orientierungstagen schrieb[7]

Nicole hatte wieder einmal Krach mit ihren Eltern. Diesmal ging es aber über das Gewöhnliche hinaus. Der Hauptgrund des Kraches war der nichtsnutzige Freund der 16jährigen. Nicole hatte ihn in der vorigen Nacht mit nach Hause gebracht. In angetrunkenem Zustand hatte Tom, Nicoles Freund, ihre Eltern angepöbelt. Daraufhin bat Nicoles Vater Tom nicht gerade freundlich, das Haus zu verlassen. Nicole fühlte sich gedemütigt und unverstanden. Sie packte kurzerhand ihre Siebensachen und stürmte wutentbrannt aus dem Haus. Sie lief blindlings durch die Stadt, bis sie plötzlich vor dem Bahnhof stand. Da wurde ihr auf einmal bewußt, was sie eigentlich gemacht hatte. Ihre Finger glitten auf dem Fahrplan auf und ab. Da kam ihr eine Idee. Sie würde zu ihrer Brieffreundin nach Hamburg fahren. Sie kramte ihren 20-Markschein heraus und löste sich eine Fahrkarte. Im Zug fiel sie vor lauter Müdigkeit

in einen traumlosen Schlaf und erwachte erst wieder, als es tönte: «Hamburg Hauptbahnhof». Es dauerte einige Zeit, bis sie die Wohnung der Freundin gefunden hatte. Das Mädchen nahm sie auf und sagte: «Hau dich oben in die Penne!»
Die nächste Zeit in Hamburg wurde ziemlich turbulent. Cornelia, so nannte sich die Freundin, kannte sich in sämtlichen Nachtlokalen Hamburgs bestens aus. Nicole geriet in immer schlechtere Kreise. LSD gehörte zu ihrer Tagesordnung. Eines Tages saß sie im Park und heulte, weil sie weder ein noch aus wußte. Da fielen ihr ihre Eltern wieder ein. Spontan stieg sie in den nächsten Zug, der in Richtung Heimat fuhr.
Ein beklemmendes Gefühl stieg in ihr hoch, als sie vor ihrem Elternhaus stand. Wie würden sie ihre Eltern nach all dem aufnehmen? Sie klingelte zaghaft, und ihr Herz schlug, als sie die energischen Schritte ihres Vaters hörte.
Er riß die Tür auf und stutzte. Sie rief, der Verzweiflung nahe: «Vater, bitte hilf mir!»
Er erwiderte mit eiskalter Stimme: «Ich habe seit längerer Zeit keine Tochter mehr.»
Die Tür schloß sich. Tränen rollten über die eingefallenen Wangen. Sie drehte sich um, und nach einiger Zeit fiel das Gartentor zu.

Anmerkungen

1 Siehe Grom, B., Religionspädagogische Psychologie des Kleinkind-, Schul- und Jugendalters, Düsseldorf 1992, 247–284; Oser, F. / Althof, W., Moralische Selbstbestimmung. Modelle der Entwicklung und Erziehung im Wertebereich, Stuttgart 1992; Kurtines, W. M. / Gerwitz, J. (Hrsg.), Handbook of moral behavior and development, Hillsdale, 3 Bde, 1991.

2 Allport, G. W., Werden der Persönlichkeit, München 1974, 66f.

3 Siehe Grom, B. / Schillinger, H.-W., Gewissen, Verantwortung, Selbstbestimmung. Unterrichtseinheit für Religions- und Ethikunterricht ab 9. Jahrgangsstufe, Düsseldorf 1987, 28f.

4 So in freier Anlehnung an Bandura, A., Sozial-kognitive

Lerntheorie, Stuttgart 1979 und Heckhausen, H., Motivation und Handeln, Berlin 1980. Vgl. Grom, B., Religionspsychologie, München 1992, 206–217.

5 Ausführlicher dazu und zum folgenden, Grom, B., Methoden für Religionsunterricht, Jugendarbeit und Erwachsenenbildung, Düsseldorf 1992, Kap. 2.

6 Dazu und auch zum folgenden Thema («Tiefpunkte») siehe Grom, B., Glaubenlernen und wie man es fördert, in: Müller-Bardorff, H. (Hrsg.), Religiöse Erziehung in der Grundschule – vergessene Dimension? München 1993, 28–45 (bes. 34f.).

7 Aus: Bischöfliches Jugendamt, Kappelberg 1, D-86150 Augsburg, Tips und Themen Nr. 10: Gott, wer bist du? 1989, 64f.

BERNHARD GROM

Gewissensbesinnung und Beichte – Bußerziehung im engeren Sinn

Die folgenden Überlegungen befassen sich einerseits mit der *Gewissensbesinnung* (gleich, ob sie in eine Beichte einmündet oder aber zu Beginn der Eucharistiefeier, bei einer Bußfeier ohne Beichte oder völlig privat praktiziert wird) und andererseits mit der *Beichte und Bußfeier*. Beide Vollzüge sind bei den Eltern von Erstkommunikanten (wie auch bei Katecheten) oft durch negative Erfahrungen emotional stark belastet, weshalb man sie sorgfältig begründen und dabei darum bitten sollte, nicht von früheren Erlebnissen auf die heutige Praxis zu schließen, sondern sich möglichst unvoreingenommen mit dieser auseinanderzusetzen. Auf jeden Fall wird man die Eltern in einem Elternabend oder wenigstens in einem Brief vom entwicklungsfördernden Sinn unserer Bußerziehung überzeugen und die Befürchtung zerstreuen müssen, wir wollten die Kinder mit unangemessenen Schuldgefühlen belasten. Dabei muß die Hinführung zu Gewissensbesinnung und Beichte immer im größeren Zusammenhang der Vorbereitung auf die Erstkommunion gesehen werden.

Zur Kultur der Gewissensbesinnung

Eine Kultur der Gewissensbesinnung hat in ethisch-religiöser Sicht den Sinn, den Heranwachsenden (und später den Erwachsenen) zu einer Selbsterkenntnis (Selbstexploration) zu ermutigen, in der er wahrnimmt, wie er sich selbst und den Mitmenschen gegenüber liebesfähig werden kann und soll und wie er die Möglichkeiten dazu verantwortungsvoller nutzen kann (indem er auch fragt, wo er sie vielleicht versäumt hat). Sie ist also auf das Liebesgebot ausgerichtet und zielt – bei allem Rückblick – positiv und kreativ auf die Zukunft. Entwicklungspsychologisch gesehen verstärkt sie die Fähigkeit zur Selbststeuerung nach selbstbejahten Sinn- und Wertüberzeugungen. Eine so verstandene Kultur der Gewissensbesinnung ist ohne Zweifel eine wichtige Entwicklungs- und Erziehungsaufgabe auf dem Weg zum mündigen Bürger und Christen.

Auch wenn ein Kind noch nicht zu schwerer Schuld fähig ist, soll es mit zunehmender Einsicht auch selbstkritisch und verantwortungsbewußt fragen lernen, wie es sich sich selber und anderen gegenüber verhalten hat, wo es sich und anderen etwas schuldig geblieben ist. Niemand kann leugnen: «Wir alle verfehlen uns in vielen Dingen» (Jak 3,2). Doch wie gehen wir mit diesen mehr oder weniger gravierenden Verfehlungen um? Sollen und können wir sie als persönliche Schwäche und Schuld anerkennen, wo die Tatsachen dies nahelegen?

Wenn wir sie psychologisch mit Erziehungsfaktoren oder soziologisch mit Gesellschaftsstrukturen entschuldigen, verdrängen wir den unangenehmen Teil der Wahrheit (so sehr solche Faktoren mitspielen mögen) und leugnen unsere persönliche Freiheit und Verantwortung. Letztlich erklären wir uns dann für unmündig und fremdgesteuert, und dann wäre auch das Gute, das wir tun, nichts mehr, worauf wir stolz sein könnten, da angeblich alles anerzogen und gesellschaftsbedingt ist.

Wenn wir mit Friedrich Nietzsche meinen, am besten meide man den Blick auf vergangenes Versagen, weil dies unsere Kräfte nur schwäche, übersehen wir, was Max Scheler überzeugend dargelegt hat[1], daß eine

Wende in der Entwicklung, eine Erneuerung nur möglich ist, wenn wir einsehen, daß wir anders hätten handeln sollen, und uns von der bisherigen Entwicklung distanzieren.

Wenn wir einfach nicht an mögliches Versagen denken oder erkannte Schuld verdrängen, legen wir uns einen Panzer der Selbstgerechtigkeit an und werden stumpf gegen Möglichkeiten und Verantwortlichkeiten im sozialen Verhalten.

Wie soll man mit der eigenen Schwäche und Schuld umgehen? Ein wichtiger Weg ist sicher die Wiedergutmachung[2]: dem Bestohlenen das Geraubte zurückgeben, sich beim Beleidigten entschuldigen oder, wenn die direkte Wiedergutmachung nicht möglich ist, vielleicht auch Nicht-Betroffenen gegenüber freiwillig Gutes tun. (Wenn man etwa grob gehässiges Verhalten gegen einen Ausländer bereut und – da er weggezogen ist – als Wiedergutmachung einem ausländischen Schüler öfter bei den Hausaufgaben hilft.) Auch wenn wir glauben, daß ernsthafte Schuld gegen die Mitmenschen immer auch Schuld vor Gott ist, sollten wir die zwischenmenschliche Dimension und das Wiedergutmachen nicht vergessen, solange es möglich ist. Daran erinnert uns die Bergpredigt: «Wenn du deine Opfergabe zum Altar bringst und dir dabei einfällt, daß dein Bruder etwas gegen dich hat, so laß deine Gabe dort vor dem Altar liegen; geh und versöhne dich zuerst mit deinem Bruder, dann komm und opfere deine Gabe» (Mt 5,23f). Christliche Versöhnung heißt nicht, daß wir uns statt mit dem Mitmenschen mit Gott aussöhnen, sondern mit beiden.

Trotzdem: Vieles können wir nicht durch Wiedergutmachen bereinigen. Wie sollen wir damit umgehen? Der nichtgläubige Humanist kann dazu nur erklären, daß wir Schuld heroisch aushalten müssen. Wer an das Karmagesetz und an Reinkarnation glaubt, wird annehmen, daß wir unsere Schuld in einem weiteren Leben auf Erden «abtragen» werden (und müssen). Die Frohbotschaft Jesu jedoch sagt zur Schuldfrage: Von Gott, der das Böse entschiedener verurteilt als dein Gewissen und der maßgeblicher ist als die Bezugspersonen und -gruppen, nach denen du dich richtest und vor denen du dich vielleicht für manches schämst, bist du *angenommen mit deinem Versagen und deinen Schwächen*. Er sagt dir durch Jesus und die Kirche: «Deine Sünden sind dir vergeben.» Ja, *er freut sich,* daß du wieder mit ihm mitwirken willst und überlegst, wie du das situationsgerechter und folgerichtiger tun kannst. Er freut sich darüber wie ein Vater, der dem Sohn, der sich von ihm abgewandt hatte und nun zurückkehrt, entgegeneilt und ein Fest feiert. Wie ein Schäfer, der eines seiner Tiere, das er verloren glaubte, wiederfindet, und wie eine Frau, die nach langem Suchen ihre Drachme wiederbekommt.

Der Gott Jesu erhebt *keine Vergeltungs- und Sühneansprüche.* Die «Buße», die uns in der Beichte auferlegt wird, ist symbolisch und soll vor allem die Ernsthaftigkeit unseres Vorsatzes und unserer Reue ausdrücken. Wir dürfen auch die Rede vom «Sühneopfer» Jesu am Kreuz nicht so verstehen, wie man es unter dem Einfluß von antiken Opfervorstellungen und der germanisch geprägten Genugtuungstheorie im Anschluß an Anselm von Canterbury oft tat[3]. Wir meinen vielleicht, die sündigen Menschen oder stellvertretend für sie Jesus hätten einen zürnenden Gott durch sühnende Opfer wieder gnädig zu stimmen, so als müsse die Versöhnung von uns ausgehen. Nach dem Neuen Testament geht aber die Versöhnung umgekehrt von Gott aus, der sich uns in Jesus zuwendet, weil sein Herz größer ist als das unsere, und der uns einlädt, diese Versöhnung anzunehmen. Jesus fordert von uns nicht zuerst Schuldeinsicht, um uns dann Gottes Vergebung zu verkünden, vielmehr verkündet er zuerst Gottes Ruf zum Mitlieben und ermutigt uns so zum Arbeiten an uns, das eben auch Einsicht in Schwächen und Versagen einschließt. Er versichert uns zuerst des Angenommenseins durch Gott trotz unserer

Schwächen und ermöglicht uns damit eine Selbstachtung trotz Versagens, was uns so recht den Mut gibt, uns mit unserer Angst, Geltungssucht, Rücksichtslosigkeit und Wankelmütigkeit anzuschauen, anzunehmen und weiterzuentwickeln.

Eine christliche Gewissensbesinnung muß immer dieses *Befreiende, Ermutigende und Frohe* beinhalten und sollte *auch atmosphärisch in ein Fest einmünden.* Sie darf nie bloß rückwärtsgewandt, anklagend und negativ sein, sondern muß durch den Vorsatz und die Zusage von Jesu Geist, der uns begleitet und stärkt, auf Zukunft und Entwicklung ausgerichtet sein.

Gefahren: Skrupulosität und Perfektionismus

Obwohl heute viele Eltern verwöhnend und permissiv erziehen, gibt es immer noch die andere Gefahr, die das eben umrissene Ziel einer christlichen Gewissensbesinnung in Frage stellt: die Erziehung zu skrupulöser Gewissensängstlichkeit und zu zwanghaftem Perfektionismus. Skrupulosität ist etwas ganz anderes als gesunde Gewissenhaftigkeit. In der gesunden Gewissenhaftigkeit erlebt man zwar auch eine gewisse Angst, nämlich die Befürchtung: «Ich könnte, wenn ich mich nicht an Recht und Normen halte, die Achtung der Mitmenschen und auch meine Selbstachtung verlieren und durch Scham, Schuld und inneren Unfrieden gepeinigt werden – darum will ich mich kontrollieren.» Doch diese Befürchtung und Selbstkontrolle schließt normalerweise die Erfüllung und den Stolz des guten Gewissens nicht aus, sondern ein: «Vieles habe ich gut gemacht, darauf kann ich stolz sein.» Diese ausgeglichene Gewissenhaftigkeit vermittelt dem Heranwachsenden auch Selbstsicherheit: Er lernt, sich in die Hand zu nehmen und gegen antisoziale Regungen wie aggressive Wut, Stehlen und Lügen, aber auch gegen Bequemlichkeit durchzusetzen.

Wenn sich jedoch eine skrupulöse Gewissensängstlichkeit und Zwanghaftigkeit entwickelt, wird die Selbstkontrolle, die jeder Mensch aufbauen muß, *völlig von Angst beherrscht,* nämlich von der Angst, haltlos zu werden, die Anerkennung der Mitmenschen und seiner selbst zu verlieren und ins Bodenlose abzustürzen. Diese irrationale, alles überziehende (verallgemeinerte) Angst beruht vermutlich auf folgenden Ursachen. Außer einer anlagemäßigen Übersensibilität dürfte dazu eine Erziehung beitragen, die überstreng von der Reinlichkeit bis zum sozialen Verhalten unerbittlich auf Ordnung dringt und dem Kind Angst vor seinen aggressiven und lusthaften Regungen einimpft und auch seine Befriedigungen durch Verbote und Leistungsanforderungen übermäßig einengt. Vor allem dürfte das Einschärfen abstrakter Normen (sei brav, sei anständig), verbunden mit willkürlichen Strafen, bei denen das Kind gar nicht weiß, wie es sie in Zukunft vermeiden kann, einen Heranwachsenden allgemein verunsichern. Darum erlegt er sich in unsicheren Situationen u. U. übertriebene Normen auf (auch Zwangshandlungen), um seine Angst zu beschwichtigen. Es kann zu einem zwanghaften Perfektionismus kommen, der meint, keine Fehler mehr machen zu dürfen, und der sich oft mit dem ängstlichen Zweifel verbindet, ob man nicht Schuld auf sich geladen habe. Der Gewissensängstliche fühlt sich häufig auf unbestimmte Weise schuldig, weil er sich für zutiefst schlecht hält, und erwartet als Sühne dafür irgendwelche Strafen.

Was man nicht übersehen sollte: Skrupulosität und Zwanghaftigkeit ist nicht nur eine Gefahr für religiös erzogene Menschen, sondern eine Folge jeder verunsichernden Erziehung, auch einer areligiösen.

Was zu einer gesunden Gewissenhaftigkeit und Gewissensbesinnung gehört

Wie können wir in unserer Bußerziehung zu einer gesunden Gewissenhaftigkeit und Gewissensbesinnung beitragen?

Ein erstes: Damit die Gewissensbesinnung nicht nur «Sündensuche» und Vorbereitung auf eine Beichte wird, sollte das Kind von Beginn der Grundschule an zu einem *Tagesrückblick,* zu einer «Meditation meines Tages» angeregt werden, wo es Positives und Kritisches in die Bestandsaufnahme einbezieht. Man könnte dies von den Fernsehnachrichten «Tagesschau» oder «Zeit im Bild» aus erklären. In der Tagesschau, erster Teil, frage ich mich: Was hat mich heute gefreut – wofür bin ich meinen Mitmenschen und auch Gott dankbar? Im zweiten Teil der Tagesschau überlege ich: Was hat mich heute geärgert und bedrückt – was sollte ich überdenken, mit anderen besprechen, und wo will ich auch Gott bitten, daß ich den rechten Weg erkenne und Kraft finde? (Hierzu kann auch die Frage gehören, was ich falsch gemacht habe und ändern sollte.) Dann mit eigenen Worten beten oder mit dem Vaterunser schließen.

Bei der späteren *Gewissensbesinnung* sollte hinter den Einzelfragen, die der Beichtspiegel stellt oder die man sich selber überlegt, immer auch deutlich werden, daß wir *die großen Lebensbereiche überdenken:* 1. Ich selbst: Entfalte ich meine Fähigkeiten, bewahre ich meine Gesundheit, gehe ich, wenn nötig gegen Selbstabwertung an? 2. Meine Beziehungen zu den Mitmenschen; von den Familienangehörigen bis zu den Schulkameraden: Bin ich fair, kameradschaftlich, hilfsbereit? 3. Mein Verhältnis zur Umwelt, zur Schöpfung: Gedankenlos oder verantwortungsbereit? 4. Mein Verhältnis zu Gott: Lebendig oder von meinen Launen abhängig? – Wie habe ich mich in diesen Bereichen verhalten? Worauf will ich in nächster Zeit Wert legen?

Die Gewissensbesinnung (und das Bekenntnis) soll nicht nur von moralischer Gleichgültigkeit befreien, sondern auch von diffusen moralischen Versagensgefühlen. Übergreifendes Ziel ist nicht eine allgemeine «Ich bin ein Sünder»-Stimmung – wie ein Berliner Junge einmal sein Verständnis von Reue beschrieben haben soll: «Ick knalle mich dreimal vor den Latz und stimme mir traurig.» Ziel ist eine realistische, *überlegte Bestandsaufnahme* – als Anstoß für die weitere Entwicklung. Das Kind soll nur begründete Schuld bereuen und sollte lernen, diese von falschen Schuldgefühlen und moralischen Fehlurteilen zu unterscheiden. Auch hierin muß Bußerziehung befreiend wirken. Dieses umfassende Ziel schließt zwei Teilziele ein, die im folgenden erläutert werden sollen.

1. *Lernen, im moralischen Urteil richtig zu gewichten und sein Verhalten nach einsehbaren Maßstäben, letztlich nach dem Liebesgebot zu bewerten.*

Hier ist auf eine entwicklungsbedingte Schwierigkeit zu achten, die sich beispielsweise darin zeigt, daß ein sechsjähriges Mädchen seine Erzieherin ganz besorgt fragt: «Ich habe der Doris einmal den Kaugummi weggenommen – ist das schlimm?» Oder eine Frau erinnert sich: «Im Alter von fünf Jahren nahm ich beim Nachbarn einen Pfirsich weg, der unter dem Baum lag. Die Versuchung vorher und die Tat selbst bedrückten mich sehr. Ich hatte Angst vor Gott, der ja alles sieht, und fand erst wieder Ruhe nach der ersten Beichte mit neun Jahren.» Das Denken des Kindes und des Jugendlichen ist – auch in moralischer Hinsicht – noch ziemlich unbeweglich, starr. Der Heranwachsende hat zunächst Schwierigkeiten, Normen wie «Nicht stehlen», «Anderen nicht schaden» differenziert und situationsgerecht anzuwenden und seine Verantwortung und Schuld richtig zu gewichten. Das junge Kind neigt dazu, zumal wenn es sensibel ist und den Erwartungen der Erwachsenen entsprechen will, alle Handlungen, die diese verurteilen, für gleich «schlimm» oder «böse» zu halten. Der Hinweis: «Das ist eine Sünde» kann diese Neigung noch verstärken, weil er eine Handlung ohne Wenn und Aber und auch noch im Namen Gottes verurteilt. Darum sollte eine entwicklungsgerechte Bußerziehung die Kinder auch zum Relativieren und *richtigen Gewichten* anleiten. Dies umfaßt Erkenntnisse wie diese:

– Verantwortung und Schuld sind je *nach den Folgen für die Betroffenen* zu beurteilen: Ein gestohlener Pfirsich – gar noch, wenn er bereits heruntergefallen ist – macht einen Gartenbesitzer nicht arm...

– Wenn ich Schaden verursacht habe, ist wohl zu unterscheiden, ob ich es *mit Absicht oder aus Fahrlässigkeit* (die auch noch schuldhaft ist) *oder aber unwissentlich und schuldlos* getan habe. Nach J. Piaget lernen Kinder diese Unterscheidung erst allmählich. Die jüngeren meinen beispielsweise noch, ein Junge, der zum Essen gerufen wird und beim Eintritt ins Eßzimmer 15 Tassen, die – für ihn unsichtbar – auf einem Stuhl hinter der Tür standen, zerbricht, sei «schlimmer» als ein anderer, der beim verbotenen Naschen eine Tasse kaputtmacht. L. Boehm vermutet aufgrund ihrer Untersuchungen, daß katholische Kinder wohl aufgrund ihres Beichtunterrichts diese Unterscheidungen früher lernen als andere.

– Wenn ich einer *Verpflichtung* nicht nachgekommen bin, muß ich auch überlegen, ob es Umstände gegeben hat, die mich von ihr *entbunden* haben, oder ob bei einer Verfehlung auch mildernde Umstände zu berücksichtigen sind. – Allgemein gilt: Das Sollen bemißt sich – etwa bei der Verpflichtung, Notleidenden zu helfen – nach dem Können; wir sind nicht zu Unmöglichem verpflichtet.

– Nicht alles, was Eltern, Lehrer oder andere von einem Heranwachsenden verlangen oder bei ihm als

Verfehlung werten, ist auch Forderung oder Schuld in den Augen Gottes. Kinder und Jugendliche müssen auch *an ihre Rechte denken.* Das ist in der Ablösungsphase der Pubertät besonders wichtig, da es hier oft zu heftigen Konflikten kommt. Wenn sich ein Mädchen nach einem Rollenspiel zu dem Lied: «Warum denn bauen wir nicht Brücken zueinander?» schluchzend anklagt, es sei immer so böse zu seinen Eltern, versteht es das Gebot: «Du sollst Vater und Mutter ehren» und das Liebesgebot wahrscheinlich einseitig als Unterwerfungsgebot und als Pflicht zu einer Harmonie um jeden Preis. Es müßte lernen zu unterscheiden: Es ist zwar falsch und gegen die Liebe, gegen die Eltern ausfällig und rücksichtslos zu sein – aber grundsätzlich ist das Streben nach mehr Unabhängigkeit eine gerechte Sache; es fragt sich nur, wie man den dazu oft nötigen Kampf ohne Verletzungen führen kann.

– Wichtig ist auch, daß man nicht jede fragwürdige Regung bereits als «Gedankensünde» betrachtet und massiv verdrängt; vielmehr kommt es darauf an, sich damit *angstfrei auseinanderzusetzen.* Der Pubertierende sollte von uns erfahren, daß es normal und keine Sünde ist, wenn ihn sexuelle Neugier umtreibt und wenn er entsprechende Phantasien entwickelt. Man sollte auch davon sprechen, daß uns manchmal Rachegedanken kommen, die schrecklich sind, aber zunächst einfach unsere momentane Wut widerspiegeln und bewußtmachen. Hauptsache: Wir gestehen uns diese Regungen ein und verarbeiten sie. Ähnlich sollten wir Selbstmordideen begegnen.

2. *Wenn man ein Fehlverhalten feststellt, sollte man immer auch nach den Motiven fragen, denen es entspringt, um sich besser kennenzulernen und zu verstehen.*

Man sollte beispielsweise nicht nur feststellen, daß man «aggressiv» gegen Eltern oder Geschwister war, sondern sich auch fragen, wie es dazu kam. War es die Angst um meine Freiheit, Rache gegen ein erlittenes Unrecht oder einfach der Umstand, daß ich ein Morgenmuffel und vor dem Frühstück immer gereizt bin? Wenn ein Kind stiehlt, sollte es überlegen, warum es so etwas tut. Kann es einen Besitzwunsch, den es gerade verspürt, nicht beherrschen, oder liegt die Ursache viel tiefer in dem Gefühl, es erhalte zu wenig Zuwendung und müsse sie sich auf diese Weise selber besorgen? Warum lügen wir? Aus Angst, das Eingeständnis eines Fehlers könnte uns unangenehme Strafen eintragen, oder aus Angeberei oder um einen anderen schlechtzumachen? Warum gerät ein Junge immer wieder mit seiner jüngeren Schwester in Streit? Liegt es an ihr, oder betrachtet er sie insgeheim als Eindringling, der ihm die Beachtung der Eltern, die er vielleicht jahrelang allein genießen konnte, teilweise geraubt hat, ihn aus dem Mittelpunkt verdrängte?

Ein Junge, der elf Jahre lang Einzelkind war und dann ein Schwesterchen bekam, entwickelte in seinen Träumen immer wieder Mordphantasien, in denen die Kleine regelmäßig den Tod fand. Er hatte eine solche Angst vor seinem eigenen Haß, daß er alle Messer, Scheren und anderen Gegenstände im Haus sammelte – angeblich, damit sich das Kind nicht verletze, in Wirklichkeit jedoch, weil er es damit töten könnte.

Wie befreiend und für einen realistischen Vorsatz hilfreich wäre es, wenn man besser verstehen würde, warum es zu manchen Schwierigkeiten und Verfehlungen kommt.

Zur Gewissensbesinnung gehört schließlich auch die Ermutigung, alles zu klären, *was das Gewissen und das Gemüt bedrückt.* Das können harmlose Mißdeutungen von Normen sein. Aber es kann sich auch um schwere Schuldgefühle eines überstreng erzogenen Kindes handeln – oder um Schwierigkeiten mit den Eltern, die das ganze Lebensgefühl verdüstern. Der Heranwachsende sollte das, was ihn bedrückt, mit der Person besprechen können, bei der ihm dies am leichtesten fällt. Eine Gewissensbesinnung sollte immer in eine positive Zukunftsperspektive einmünden.

Zur Beichte und Bußfeier

Es ist sicher ein spiritueller Gewinn für den Heranwachsenden – allerdings auch ein sehr anspruchsvolles Ziel –, wenn er lernt, die Gewissensbesinnung von Zeit zu Zeit durch eine sakramentale Einzelbeichte zu vertiefen. Allerdings darf dabei nie Zwang ausgeübt werden, denn die Einzelbeichte ist ein Angebot, das freiwillig ergriffen sein will.

Ein katholischer Christ ist von der kirchlichen Tradition und vom Kirchenrecht her nur zur Einzelbeichte verpflichtet, wenn er eine schwere Schuld zu bekennen hat. (Diese Regelung gilt seit dem IV. Laterankonzil, hat allerdings ältere Wurzeln.) In früheren Katechismen bezeichnete man die jährliche Beichte als «Kirchengebot», weil man voraussetzte, daß jeder Christ jedes Jahr mindestens einmal eine schwere Sünde begeht, was man aber vom Normalchristen nicht so unreflektiert annehmen darf. Damit soll kein Minimalismus gepredigt, sondern nur klargestellt werden, daß – wenn nicht eine schwere Schuld vorliegt – die Einzelbeichte zwar empfohlen, aber nicht gefordert werden kann und daß jeder sein eigenes Verhältnis zur Beichtpraxis bestimmen muß.

Die *Erstkommunikanten* sollten wir auf jeden Fall auf die Einzelbeichte vorbereiten – auch wenn sie kaum eine schwere Schuld auf sich geladen haben können. Denn in diesem Alter lernen sie das Beichten meistens noch unbefangener als später und können damit leichter einen ersten Einstieg in diese Praxis finden und später auch begründeter entscheiden, ob und wie sie sie weiterführen wollen. (Was Hänschen / Gretchen nicht lernt, lernt

Hans / Grete nimmermehr.) Wichtig ist, daß gerade *bei der Erstbeichte das Ermutigende und Frohe* erlebbar wird; sie sollte darum – wohlvorbereitet, von innen heraus, nicht als Gag – mit einer *Feier* abgeschlossen werden.

Als Beispiel sei geschildert, wie eine Gemeindereferentin die Erstbeichte gestaltet[4]. Sie geht in den Vorbereitungsstunden ganz von positiven Ansätzen aus – von Zachäus, dem Gleichnis vom verlorenen Schaf u. a. Für die wichtigsten Lebensbereiche läßt sie die Kinder einen persönlichen Beichtspiegel zusammenstellen, indem sie Denkanstöße gibt, die die Kinder ausmalen – etwa so: Jesus betet gern nächtelang auf dem Berg – wie bete ich? Jesus ist gut zu den Ausgestoßenen – wie bin ich zu den anderen? Wenn die Kinder nach diesen Anregungen ihre Erstbeichte abgelegt haben, feiern alle noch gemeinsam, unter Einschluß des Beichtvaters. Man macht Spiele, singt Lieder, schaut Dias an und trinkt etwas. Die Kinder lassen sich auch später zu solchen Beichten einladen und versichern sich zuvor: «*Feiern wir auch?*» – Auch bei den Firmlingen gestaltet diese Gemeindereferentin die Beichte vor der Firmung als Gemeinschaftserlebnis – außerhalb der Gemeinde, in einem Jugendhaus. Das Wochenende besteht aus Gesprächen über den Beichtspiegel im Gotteslob und, aus Fragen zum Thema Sexualität. Man betrachtet Dias, macht eine Collage (ein Baum, der gute Früchte trägt und der die schlechten abgeworfen hat). Man singt Lieder und macht auch eine Schnitzeljagd und eine Nachtwanderung.

Und wie halten wir.es bei den *älteren Schülern?* Einerseits ist der Wert der Einzelbeichte nicht zu verkennen, andererseits setzt diese eine lebendige Beziehung zum kirchlichen Leben voraus, fällt heute vielen Menschen wegen des persönlichen Schuldbekenntnisses sehr schwer und ist, da es die *Bußfeier* gibt, auch nicht die einzige Form kirchlich-liturgischer Bußpraxis. Diese Überlegungen sollen kurz begründet werden.

Der Wert der Einzelbeichte ist gerade wegen der Gelegenheit zum persönlichen Bekenntnis und Beichtgespräch nicht gering zu schätzen: «Es (das Bekenntnis) fördert die Gewissenserforschung, die Überprüfung der Grundeinstellungen eines Menschen und seiner ethischen Maßstäbe, es hilft, über eine bloße Symptom- zu einer Wurzeltherapie zu kommen und fördert eine existentiell-personale Glaubenshaltung. Neben der möglichen, mit der Beichte verbundenen geistlichen Begleitung stellt die Dialog-Beziehung von Beichtendem und Lossprechendem die personale Begegnung mit dem heilenden und versöhnenden Christus dar.»[5]

Letzteres würde ich aus der Sicht eines Christen, der dreimal im Jahr, vor hohen Festtagen beichtet, so beschreiben. In der Beichte kann ich zusammenhängender, eingehender als in der täglichen «Meditation meines Tages» oder beim Bußakt der Eucharistiefeier eine Standort- und Kursbestimmung versuchen. Ich kann Versagen, Vorsatz und Bitte um die Kraft des Geistes Jesu im Bekenntnis aussprechen und damit verdeutlichen, verstärken und «loswerden». Und ich kann von einem, der dazu von der Kirche und über sie von Jesus die Vollmacht hat, hören, daß ich wieder voll zur Gemeinschaft der an Jesus Glaubenden gehöre und Gottes Vergebung und Geist für den weiteren Weg erhalte. Das zu hören – auch wenn ich genau voraussagen kann, was mir der Lossprechende sagen wird – ist ein sinnlich-geistliches Erlebnis, das ich mir nicht selber verschaffen kann. Diese Erfahrung und Sinngebung der Beichte setzt allerdings ein lebendiges Verhältnis zum symbolisch-sakramentalen Leben der Kirche voraus, zu dem sicher viele Jugendliche nie und manche erst mit der Zeit finden.

Ein großes Hindernis auf diesem Weg ist für viele Jugendliche und Erwachsene genau das, was die Einzelbeichte so wertvoll machen könnte: das persönliche Bekenntnis vor einem Priester. Viele empfinden es nicht als befreiend und als Hilfe gegen eine Anonymisierung des kirchlichen Lebens, sondern als Einbruch in ihre Privatsphäre.

Ein 20jähriger: «Früher ging ich alle zwei Wochen (zum Beichten), manchmal auch öfters und dann auch noch vor den großen Festen Weihnachten und Ostern. Zur Zeit kommt bei mir die persönliche Beichte nicht in Frage, da ich den Bußgottesdienst für ergiebiger halte. Bei der persönlichen Beichte dringt der Beichtvater für mein Empfinden zu weit in die Privatsphäre des Menschen ein. Außerdem kann ich mich keinem anderen Menschen so bloßlegen.»[6]

Schon vor Jahren (1978) ergab eine Befragung in einigen Pfarreien Bayerns, daß von den 153 regelmäßigen Gottesdienstbesuchern, die erfaßt wurden, zwar 41,5 Prozent regelmäßig – sei es mehr als viermal im Jahr, sei es nur einmal – die Einzelbeichte praktizierten, während 58,5 Prozent entweder seit einem Jahr nicht mehr gebeichtet hatten, überhaupt nicht mehr beichteten (12,5 Prozent) oder nur noch Bußfeiern mitmachten (26 Prozent). So wird man sich auch über folgende Beobachtung in Österreich nicht wundern: Von den 15jährigen, die man in einem Schulzentrum in Kärnten befragte, gingen noch etwa 90 Prozent einmal im Jahr zur Beichte, von den 16- bis 19jährigen aber nur noch 10 Prozent[7].

Schließlich ist anzuerkennen, daß die *Bußfeier* nicht als Drückebergerei abgetan werden kann, sondern für viele Christen eine ernsthafte, spirituell förderliche Alternative darstellt. Sie hat ihre spezifischen positiven Seiten, zu denen vor allem das gemeinsame Bemühen um Neuorientierung und Versöhnung gehört – gleich, ob es in eine Einzelbeichte übergeht oder nicht. Die Bußfeier ist offiziell zugelassen und anerkannt, und bei der Bischofssynode 1983 sprachen sich die Vertreter mehrerer Bischofskonferenzen sogar für eine Erweiterung und Aufwertung der Bußfeiern durch die Generalabsolution aus, die zur Zeit nur in Notfällen erlaubt ist.[8]

185

Aus all dem folgt: *Wir sollten uns bemühen, Schülern den Sinn der Einzelbeichte zu erschließen, aber ebenso wichtig ist, daß wir ihnen den Weg zur Bußfeier zeigen.* Die Schüler haben ein Recht darauf, und wir dürfen die Einzelbeichte nicht zur einzigen Form gültiger Bußpraxis erklären und den Untergang der Buße beklagen, wenn diese Form seltener geübt wird.

«Sowohl die persönliche Beichte wie auch die gemeinsame Feier der Versöhnung müssen in der Kirche ihren legitimen und bleibenden Platz haben. Angesichts der vielschichtigen, zum Teil gegenläufigen Erfahrungen und Erwartungen der Gemeindeglieder ist das breite Spektrum von kirchlichen und liturgischen Bußformen bewußt zu pflegen. Es dürfte keine Gemeinde geben, welcher ihr ‹Pfarrherr› selbst-herrlich die gemeinsame Feier der Versöhnung vorenthält; aber auch keinen Seelsorger, der die Möglichkeit zu Einzelbeichte und Beichtgespräch auf ein Minimum hin bis zur totalen Verweigerung – auch das gibt es – reduziert.»[9]

Anmerkungen

1 Scheler, M., Reue und Wiedergeburt, in: ders., Vom Ewigen im Menschen, Berlin 1933, 5–58.
2 Dies betont in logotherapeutischer Sicht: Lukas, E., Psychologische Seelsorge, Freiburg 1985, 188ff.
3 Siehe Kessler, H., Erlösung als Befreiung, Mainz 1972.
4 Thömmes, M., Weiterführung nach der Erstbeichte, in: Lebendige Katechese 1 (1979) 58–61.
5 Baumgartner, K., Aus der Versöhnung leben, München 1990, 55f.
6 Baumgartner, K., Erfahrungen mit dem Bußsakrament, Bd. I: Berichte-Analysen-Probleme, München 1978, 65.
7 Kramer, S., Schulbeichte, in: Österreichisches Pastoralinstitut, Versöhnte Christen – Versöhnung in der Welt, Wien 1986, 58.
8 Siehe Baumgartner, J., Zur Frage der Generalabsolution, in: Theol.-Praktische Quartalschrift 138 (1990) 108–119.
9 Baumgartner, K., Anm. 5, 69.

Die Autoren

Joachim Müller (Herausgeber)

Religionslehrer in Balgach (St. Gallen), Präsident der Schweizerischen Katechetenvereinigung und Co-Präsident der ökumenischen Arbeitsgruppe „Neue religiöse Bewegungen in der Schweiz".

Bernhard Grom

Professor für Religionspädagogik und Religionspsychologie in München.

Walter Kirchschläger

Professor für Exegese des Neuen Testaments an der Theologischen Fakultät der Hochschule Luzern.

Kurt Koch

Professor für Dogmatik und Liturgiewissenschaften an der Theologischen Fakultät der Hochschule Luzern.

Joachim Müller (Hrsg.)
Neuevangelisierung Europas
Chancen und Versuchungen

160 Seiten, broschiert
ISBN 3-7228-0318-7

Die von Papst Johannes Paul II. lancierte «Neuevangelisierung Europas» ist auch in der Kirche heftig umstritten. Kompetente Autoren machen auf Gefahren wie auf Chancen dieses Vorhabens aufmerksam und entwickeln Impulse zu einer evangeliumsgemäßen Verwirklichung.

Inhalt

Paulusverlag Freiburg Schweiz

Walter Kirchschläger

Gott spricht verbindlich

Einüben in das Hören

112 Seiten, broschiert
ISBN 3-7228-0286-5

Für den Christen ist Gottes Zuwendung zum Menschen am ehesten als der erste Schritt eines Zwiegesprächs, eines Dialogs zu verstehen. So hat das Zweite Vatikanische Konzil diesen Vorgang umschrieben. Diese Anrede Gottes an den Menschen geschieht in verschiedenen Formen und in vielfältiger Weise. Immer aber behält sie ihre Gültigkeit, bleibt sie verbindlich, bindet Gott und Menschen zusammen.

Walter Kirchschläger spürt den verschiedenen Wegen dieser «Gottesrede» in den biblischen Schriften nach. In einer behutsamen, meditativen Auslegung zentraler Stellen des Neuen Testaments macht er mit deren Eigenart und Bedeutung für den Menschen vertraut. Auf leicht verständliche Weise ermutigt er den Leser und die Leserin zur ganz persönlichen Rechenschaft darüber, welchen Stellenwert dieses Wort, das von Gott kommt, im eigenen Leben hat. Dazu dienen auch die Impulsfragen und Aufgaben zum Nachdenken am Ende jedes Kapitels. Es zeigen sich überraschende Möglichkeiten, wie die Reaktion des Menschen, sein Hören diesem verbindlichen Angebot Gottes entsprechen und zu einem tieferen Leben aus dem Glauben führen kann.

Erschienen im Paulusverlag